La Belle et la Bête
et autres contes

Le conte
dans la même collection

Apulée, *Amour et Psyché*

La Belle et la Bête et autres contes

Caroll, *Alice au pays des merveilles*

Chedid, *L'Enfant des manèges et autres nouvelles*

Daudet, *Lettres de mon moulin*

Fabliaux du Moyen Âge

Grimm, *Le Petit Chaperon rouge et autres contes*

Marie de France, *Lais*

Les Mille et Une Nuits :

Ali Baba et les quarante voleurs

Le Pêcheur et le Génie. Histoire de Ganem

Sindbab le marin

Perrault, *Contes*

Sand, *Les Ailes de courage. Le Géant Yéous*

La Belle et la Bête et autres contes

Présentation, notes,
chronologie, dossier-lecture
et dossier-jeu
par Anne Bervas-Leroux

Étonnants Classiques

GF Flammarion

Remerciements à Madame Evelyne Cévin
de « La Joie par les livres »

Une étude de ce texte est disponible dans le *Guide de l'enseignant*, Étonnants Classiques, 1999.
Ce guide peut être obtenu gratuitement, dans la limite des stocks disponibles, auprès des éditions Flammarion.
Service Enseignants
26, rue Racine, 75278 Paris Cedex 06
Timbres-poste de 12 francs à joindre à la demande.

ISBN : 2-08-072090-2
ISSN : 1269-8822

Sommaire

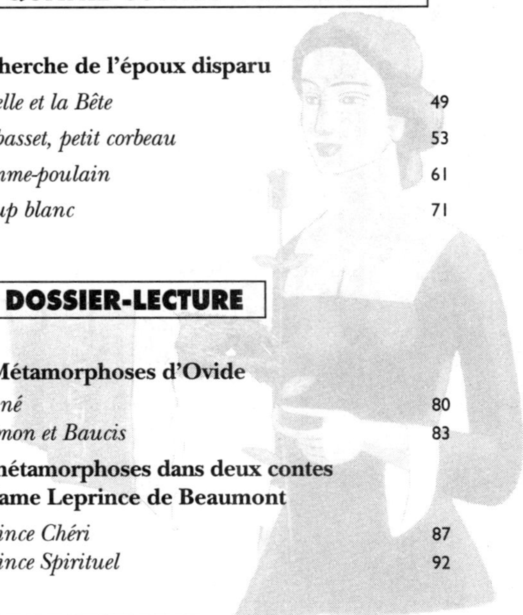

Madame Leprince de Beaumont
(Photo : DR).

QUI A ÉCRIT *LA BELLE ET LA BÊTE* ?

« Cendrillon », « Blanche-Neige », « La Belle et la Bête » :

voilà autant de titres qui sont connus du jeune public, non plus par la lecture des livres mais par les productions de Walt Disney qui en a fait l'adaptation. Mais sais-tu qu'avant d'être des dessins animés créés dans les studios d'Hollywood, ces histoires étaient des contes rassemblés dans des recueils ?

Nous t'invitons à redécouvrir un de ces titres *La Belle et la Bête* et à mieux connaître son auteur, Madame Leprince de Beaumont, femme de lettres et gouvernante qui vécut au XVIIIe siècle. Tu verras en lisant ce volume qu'il ne s'agit pas seulement d'histoires tout juste bonnes à distraire les enfants. Certes, elles nous parlent d'un pays où les bêtes s'expriment comme les humains et où les palais s'ouvrent comme par magie ; mais elles évoquent aussi, plus profondément, le passage de l'enfance à l'âge adulte, le moment où les filles quittent leur père pour rejoindre leurs maris. Elles nous disent enfin que les rêves parfois deviennent réalité.

LE CONTE LITTÉRAIRE

Peut-être connais-tu déjà les « Contes » de Perrault ?

Il fut l'un des premiers à remettre à l'honneur le genre mineur des contes. Son recueil *Les Contes de ma Mère l'Oye* ou *Contes du temps passé*, qui parut en 1697, fut le point de départ d'une vogue qui devait durer tout au long du XVIIIe siècle. Mais surtout, les *Contes* de Perrault sont importants parce qu'ils montrent, à un public de lettrés, la richesse de l'imaginaire français. La culture des gens simples, comme les nourrices et les paysans, peut en effet rivaliser avec la culture des savants qui comprennent le grec et le latin. C'est ainsi que Perrault devient le champion des « Modernes » contre la tyrannie des « Anciens »[1].

Cependant, ces contes sont bien moins simples qu'il n'y paraît et ce n'est pas sans raison qu'ils séduisent aussi les adultes. Perrault joue en fait sur deux tableaux : il s'adresse certes aux lettrés de la cour, ravis qu'on leur « mitonne » ainsi de plaisantes histoires – l'expression est de Madame de Sévigné – mais aussi aux enfants qui joueront à se faire peur avec *Le Petit Chaperon rouge*, par exemple, où le conteur est invité à mimer la voix d'un loup prêt à dévorer sa tendre proie. Ainsi Perrault ouvre-t-il la voie à d'autres conteurs : Madame de Villeneuve

---

1. Voir la préface aux *Contes* de Perrault (« Étonnants Classiques », n° 2065).

(1695-1755) prendra le relai en adaptant pour le milieu littéraire qui est le sien les versions orales des contes populaires.

C'est dans ce contexte que les *Contes* de Madame Leprince de Beaumont vont prendre leur place un demi-siècle après ceux de Perrault. Si ses prédécesseurs s'adressent délibérément à un public d'adultes (ces contes sont très souvent insérés dans des romans qui ne sont nullement destinés aux enfants), Madame Leprince de Beaumont innove : gouvernante et pédagogue, elle fixe à ses contes un rôle très précis. Ils vont rentrer dans le domaine scolaire et servir son projet pédagogique. L'enfant n'est plus un prétexte mais bien le véritable destinataire des contes qu'elle réécrit et adapte.

L'ORIGINALITÉ DE MADAME LEPRINCE DE BEAUMONT

Quand Madame Leprince de Beaumont fait paraître ses contes dans son ouvrage d'éducation intitulé *Le Magasin des enfants,* elle vit en Angleterre où elle a émigré suite à un mariage malheureux[1]. Elle

1. Pour mieux connaître cet auteur, reporte-toi à la chronologie qui se trouve à la page 15.

est la gouvernante de jeunes Anglaises issues de milieux aristocratiques, et elle a pour mission, non seulement de leur apprendre les rudiments nécessaires à la bonne éducation d'une jeune fille de l'époque, mais aussi de leur enseigner le français qui était alors parlé par tous les milieux lettrés d'Europe.

Elle cherche donc des textes que de jeunes Anglaises pourront lire facilement et avec intérêt. Elle jette alors son dévolu sur des contes, pensant, à juste titre, qu'ils pourront séduire ses petites écolières. Le conte est un genre à la mode, mais il n'a pas toujours bonne réputation auprès des pédagogues. Certains lui reprochent de corrompre les jeunes esprits par des histoires sans queue ni tête. Aussi Madame Leprince de Beaumont recherche-t-elle des contes pouvant servir de support à des leçons de morale. Elle ferait ainsi d'une pierre trois coups : avec une histoire, elle divertit ses élèves, elle les instruit et les éduque.

C'est ainsi par exemple qu'elle choisit un conte de Perrault, *Riquet à la houppe*, qui deviendra sous sa plume *Le Prince Spirituel*[1]. Elle fréquente aussi les écrits de ses contemporains dont Madame Barbot de Villeneuve à qui, précisément, elle empruntera l'histoire intitulée *La Belle et la Bête*.

1. Tu peux en lire des extraits dans le dossier-lecture qui se trouve à la page 77.

LA SOURCE DE *LA BELLE ET LA BÊTE*

Madame de Villeneuve a fait paraître une histoire très proche de *La Belle et la Bête* dans un roman intitulé *La Jeune Américaine ou les Contes marins* en 1740. Le conte y est raconté par la femme de chambre de l'héroïne de retour vers son pays natal. Mais ce n'est qu'une histoire enchâssée dans un texte beaucoup plus long qui, lui-même, n'est pas destiné *a priori* à des enfants. Madame Leprince de Beaumont verra les leçons qu'elle peut tirer de ce conte qui met en scène une jeune fille se sacrifiant pour sauver son père et une Bête se métamorphosant en prince par les seules grâces de l'amour. Elle le reprend donc, le réduit considérablement et en supprime tout ce qui ne rentre pas dans son projet moral et pédagogique. Elle l'insère ensuite dans son manuel d'éducation, *Le Magasin des enfants*. Un petit dialogue suit le conte entre Mademoiselle Bonne, la gouvernante (qui est un peu le double de l'auteur dans le manuel) et les élèves qui peuvent ainsi tirer la leçon du conte : il ne faut pas se fier à l'apparence, l'amour peut transformer les êtres, la disgrâce physique n'implique pas la laideur morale…

Aujourd'hui, nous avons du mal à imaginer un tel procédé pédagogique : nos manuels scolaires ne proposent plus d'histoires édifiantes; mais à l'époque, Madame Leprince de Beaumont fut véritablement un précurseur. *Le Magasin des enfants* faisait alterner des leçons de biologie, sur les insectes par exemple, avec des récits d'histoires bibliques ; il délivrait des rudiments de culture scientifique tout en proposant ses fameux contes – au nombre de quatorze. Ceux-ci servaient en fait de récréation quand les petites élèves avaient achevé leur travail. *La Belle et la Bête* n'échappe pas à cette règle. À la fin d'un de ces cours, Mademoiselle Bonne, la gouvernante, s'adresse à une de ses élèves, Lady Spirituelle, âgée de douze ans, qui souffre de n'être pas aussi jolie qu'elle le souhaiterait. Comme la jeune fille adore les contes, la gouvernante trouve dans *La Belle et la Bête* le moyen de l'aider à accepter sa disgrâce physique. Ainsi, en même temps qu'il divertit, le conte instruit et console.

Très vite, on a publié dans une édition séparée toutes les histoires que Madame de Beaumont avait réécrites. Mais, parmi celles-ci (*Le Prince Titi, Le Prince Chéri*...), seule *La Belle et la Bête* est parvenue jusqu'à nous. Comment expliquer l'étrange destin de cette œuvre ?

AMOUR ET PSYCHÉ, UN MYTHE PUISSANT

L'histoire de « La Belle et la Bête » n'a pas été inventée par Madame Leprince de Beaumont.

Madame de Villeneuve elle-même s'est probablement

inspirée d'une des versions populaires du conte[1]. Et celle-ci remonte à plus loin encore.

Un auteur de l'Antiquité latine, Apulée (125-170), avait déjà lui-même rassemblé plusieurs légendes antiques que la tradition orale avait transmises. Il s'en est inspiré pour écrire une histoire, celle d'Amour et Psyché[2], qu'il inséra lui aussi dans un ouvrage plus vaste intitulé *L'Âne d'or ou les Métamorphoses.* Si l'on lit cette histoire de plus près, on se rend compte qu'elle présente bien des ressemblances avec *La Belle et la Bête.* Comme la Belle, Psyché est offerte à un monstre dont on dit qu'il la dévorera; elle est reçue comme une princesse par son hôte, un concert sans musicien lui est offert... Cette histoire semble avoir traversé les siècles et on a pu retrouver sa trace dans des contes folkloriques transmis oralement de génération en génération. Madame de Villeneuve a vraisemblablement eu connaissance d'un de ces contes et l'a adapté dans son histoire que Madame Leprince de Beaumont à son tour a adoptée... D'une certaine manière, ce va-et-vient entre les histoires et les auteurs a assuré à notre Belle sa survie puisque, aujourd'hui encore, tu peux lire son étrange séjour dans le château de la Bête.

C'est à ton tour maintenant d'y entrer : tu verras que ce conte est, à tout prendre, moins moral qu'initiatique. On y rencontre des êtres qui aspirent au

1. Voir, dans ce recueil, le dossier «Quatre Contes populaires», p. 47.
2. Voir Apulée, *Amour et Psyché* («Étonnants Classiques», n° 2073).

bonheur. Certains brûlent leurs ailes dans cette quête éperdue, d'autres doivent affronter épreuves et métamorphoses. Mais avant tout, cette histoire nous montre, comme dans un miroir, que nous devons nous engager avec la *Belle* dans la forêt du conte pour être à notre tour métamorphosés.

CHRONOLOGIE

REPÈRES HISTORIQUES ET CULTURELS

VIE ET ŒUVRE DE L'AUTEUR

1711
1780

REPÈRES HISTORIQUES ET CULTURELS

1715	Mort de Louis XIV. Avènement de son arrière-petit-fils Louis XV, âgé de cinq ans. C'est Philippe d'Orléans qui assure la Régence jusqu'en 1723.
1716-1719	Mise en place du système de Law, puis banqueroute.
1735	Parution de *Gil Blas de Santillane* de Lesage, roman picaresque à la française.
1738	Louis XV intervient dans la guerre de succession polonaise. Malgré les succès français contre l'Autriche, son beau-père, Stanislas Leszczyński, renonce par le traité de Vienne à son trône de Pologne et obtient en compensation le duché de Lorraine qui reviendra après sa mort à la France.
1740	Parution du conte de Madame de Villeneuve *La Belle et la Bête* dans *La Jeune Américaine ou les Contes marins.*
	Début de la guerre de succession d'Autriche. La France s'allie à la Prusse contre l'Autriche soutenue par l'Angleterre.
1745	Victoire française à Fontenoy.
1748	Paix d'Aix-la-Chapelle. Louis XV perd toutes ses conquêtes en dépit de la victoire de Fontenoy. Il s'est battu « pour le roi de Prusse » qui remporte la Silésie.

VIE DE L'AUTEUR

Jeanne-Marie Leprince de Beaumont naît à Rouen le 26 avril **1711**. En **1725**, elle entre chez les Sœurs d'Ernemont qui formaient les enseignantes pour ce que l'on appelait à l'époque «les petites écoles». Elle enseignera dix ans dans cette institution rouennaise et prononcera même des vœux de noviciat. Puis elle décide de quitter sa Normandie natale et, munie d'une lettre de recommandation du couvent, elle rejoint la cour de Lorraine à Lunéville où elle devient la gouvernante de la fille aînée de la duchesse de Lorraine. Lorsque la Lorraine est confiée à Stanislas Leszczyński, roi détrôné de Pologne et beau-père de Louis XV, elle décide de rester à la cour et d'y étudier la musique.

Elle se marie à Lunéville en **1743**, mais cette union sera malheureuse et rapidement déclarée nulle en raison de la vie dissolue de son époux, Grimard de Beaumont. Obligée de subvenir à ses besoins après la séparation, elle quitte la France et s'installe à Londres en **1748**.

La même année, elle débute dans les lettres par un roman *Le Triomphe de la Vérité ou Mémoires de Monsieur de Villeneuve* qu'elle offre à Stanislas, roi de Pologne, retiré à Lunéville. Elle gagne sa vie en tant que gouvernante dans des familles aristocratiques anglaises où ses talents de pédagogue font merveille. Pour ses élèves, elle se met à rechercher des textes français pouvant servir de support à des exercices de traduction et favoriser ainsi à ses jeunes élèves l'apprentissage du français. Elle décide de traduire *Gil Blas de Santillane* de Lesage mais constate vite que le roman ne motive guère son auditoire. Elle réunit alors, en **1750**, les contes qu'elle a publiés en un premier recueil, *Le Nouveau Magasin des enfants*. Puis, en **1756**, paraît en Angleterre *Le Magasin des enfants*, qui connaît un succès immédiat en librairie. Très vite, l'édition anglaise est suivie de nombreuses éditions étrangères.

REPÈRES HISTORIQUES ET CULTURELS

1751 Diderot et d'Alembert publient le premier des 28 tomes de l'*Encyclopédie*, « dictionnaire raisonné des sciences », dont les articles font état des connaissances acquises et des critiques contre l'ordre social et politique existant.

1756 Début de la guerre de Sept Ans. La Prusse et l'Angleterre s'opposent à la France alliée à l'Autriche.

1762 Parution de l'*Émile ou de l'Éducation* de Jean-Jacques Rousseau, traité qui révolutionna l'approche de l'enfant et les conceptions de son éducation.

1763 Traité de Paris qui met fin à la guerre de Sept Ans.

1771 *Zémire et Azor*, opéra comique de Grétry dont le livret fut rédigé par Marmontel à partir du conte de Madame Leprince de Beaumont et de la comédie de Pierre-Claude Nivelle de la Chaussée, *Amour par Amour* (1742).

1774 Le 10 mai, mort de Louis XV. Début du règne de Louis XVI.

Ces « magasins » sont des manuels d'instruction très novateurs pour l'époque : on y voit une gouvernante converser avec ses élèves autour de textes qui servent de support à leur instruction. Récits bibliques, contes édifiants (dont *La Belle et la Bête*), observations préscientifiques, règles de bienséance[1] sont les étapes de cet itinéraire pédagogique. L'ouvrage, un classique du genre, servira de vade-mecum à de nombreuses gouvernantes.

En **1757**, Madame Leprince de Beaumont se remarie avec Thomas Pichon, un Anglais naturalisé, originaire comme elle de Normandie. Elle abandonne alors pour un temps ses activités de gouvernante et sa fille Élisabeth, née de son premier mariage, vient la rejoindre en Angleterre.

En **1764** enfin, elle décide de rentrer en France. Sa fille et son gendre l'accompagnent, mais son époux reste en Angleterre et s'éteint à Jersey sans l'avoir revue. Elle s'installe à Chavanod, en Savoie. Elle a acquis une réelle notoriété. Animée d'une véritable vocation pédagogique, elle continue à publier des ouvrages qui font référence : en **1766**, *L'Instruction pour les jeunes gens qui entrent dans le monde et s'y marient*, ouvrage plus connu sous le titre de *Magasin des adolescentes* ; en **1772**, un manuel d'éducation des garçons, *Le Mentor moderne*. Viennent encore de nombreux ouvrages, parmi lesquels *Les Mémoires de la Baronne de Batteville* (**1776**) d'orientation autobiographique, des contes moraux, *Le Magasin des pauvres, des artisans, des domestiques et des gens de la campagne* (1780)[2]. Elle s'éteint à soixante-dix ans passés en **1780** après avoir publié plus de soixante-dix ouvrages. Nul ne sait où son corps repose.

1. *Bienséance* : conduite sociale en accord avec les convenances, usages à respecter.
2. Cet ouvrage sera réédité vingt-sept fois !

La Belle et la Bête

de Madame Leprince de Beaumont

Il y avait une fois un marchand qui était extrêmement riche. Il avait six enfants, trois garçons et trois filles, et, comme ce marchand était un homme d'esprit, il n'épargna rien pour l'éducation de ses enfants, et leur donna toutes sortes de maîtres.

Ses filles étaient très belles, mais la cadette surtout se faisait admirer, et on ne l'appelait, quand elle était petite, que la Belle enfant; en sorte que le nom lui en resta, ce qui donna beaucoup de jalousie à ses sœurs. Cette cadette, qui était plus belle que ses sœurs, était aussi meilleure qu'elles. Les deux aînées avaient beaucoup d'orgueil, parce qu'elles étaient riches : elles faisaient les dames, et ne voulaient pas recevoir les visites des autres filles de marchands; il leur fallait des gens de qualité[1] pour leur compagnie. Elles allaient tous les jours au bal, à la comédie, à la promenade, et se moquaient de leur cadette, qui employait la plus grande partie de son temps à lire de bons livres.

Comme on savait que ces filles étaient fort riches, plusieurs gros marchands les demandèrent en mariage; mais les deux aînées répondirent qu'elles ne se marieraient jamais, à moins qu'elles ne trouvassent un duc, ou tout au moins un comte. La Belle (car je

1. *De qualité* : de condition noble.

vous ai dit que c'était le nom de la plus jeune), la Belle, dis-je, remercia bien honnêtement ceux qui voulaient l'épouser; mais elle leur dit qu'elle était trop jeune, et qu'elle souhaitait tenir de compagnie à son père pendant plusieurs années.

Tout d'un coup, le marchand perdit son bien[1], et il ne lui resta qu'une maison de campagne, bien loin de la ville. Il dit en pleurant à ses enfants qu'il fallait aller demeurer dans cette maison, et qu'en travaillant comme des paysans ils y pourraient vivre. Ses deux filles aînées répondirent qu'elles ne voulaient pas quitter la ville, et qu'elles avaient plusieurs amants[2] qui seraient trop heureux de les épouser, quoiqu'elles n'eussent plus de fortune. Les bonnes demoiselles se trompaient; leurs amants ne voulurent plus les regarder quand elles furent pauvres. Comme personne ne les aimait, à cause de leur fierté, on disait : « Elles ne méritent pas qu'on les plaigne; nous sommes bien aises de voir leur orgueil abaissé; qu'elles aillent faire les dames en gardant les moutons. »

Mais, en même temps, tout le monde disait : « Pour la Belle, nous sommes bien fâchés de son malheur; c'est une si bonne fille! elle parlait aux pauvres gens avec tant de bonté! elle était si douce, si honnête! »

Il y eut même plusieurs gentilshommes qui voulurent l'épouser, quoiqu'elle n'eût plus un sou; mais elle leur dit qu'elle ne pouvait se résoudre à abandonner son pauvre père dans son malheur et qu'elle

1. *Perdit son bien* : perdit sa fortune.
2. *Amants* : amoureux, soupirants

le suivrait à la campagne pour le consoler et l'aider à travailler. La pauvre Belle avait été bien affligée d'abord de perdre sa fortune, mais elle s'était dit à elle-même : «Quand je pleurerais[1] bien fort, mes larmes ne me rendront pas mon bien; il faut tâcher d'être heureuse sans fortune.»

Quand ils furent arrivés à leur maison de campagne, le marchand et ses trois fils s'occupèrent à labourer la terre. La Belle se levait à quatre heures du matin, et se dépêchait de nettoyer la maison, d'apprêter à dîner pour la famille. Elle eut d'abord beaucoup de peine, car elle n'était pas accoutumée à travailler comme une servante; mais, au bout de deux mois, elle devint plus forte, et la fatigue lui donna une santé parfaite. Quand elle avait fait son ouvrage, elle lisait, elle jouait du clavecin, ou bien elle chantait en filant.

Ses deux sœurs, au contraire, s'ennuyaient à la mort; elles se levaient à dix heures du matin, se promenaient toute la journée et s'amusaient à regretter leurs beaux habits et les compagnies. «Voyez notre cadette, disaient-elles entre elles; elle a l'âme basse, et si stupide, qu'elle est contente de sa malheureuse situation.»

Le bon marchand ne pensait pas comme ses filles. Il savait que la Belle était plus propre que ses sœurs à briller dans les compagnies. Il admirait la vertu de cette jeune fille, et surtout sa patience; car les sœurs, non contentes de lui laisser faire tout l'ouvrage[2] de la maison, l'insultaient à tout moment.

---

1. *Quand je pleurerais* : même si je pleurais, j'aurais beau pleurer.
2. *Tout l'ouvrage* : toutes les tâches ménagères.

Il y avait un an que cette famille vivait dans la solitude, lorsque le marchand reçut une lettre par laquelle on lui marquait[1] qu'un vaisseau, sur lequel il avait des marchandises, venait heureusement d'arriver. Cette nouvelle pensa tourner la tête à ses deux aînées, qui pensaient qu'à la fin[2] elles pourraient quitter cette campagne, où elles s'ennuyaient tant ; et, quand elles virent leur père prêt à partir, elles le prièrent de leur apporter des robes, des palatines[3], des coiffures et toutes sortes de bagatelles[4]. La Belle ne lui demandait rien ; car elle pensait en elle-même que tout l'argent des marchandises ne suffirait pas pour acheter ce que ses sœurs souhaitaient. « Tu ne me pries pas de t'acheter quelque chose ? lui dit son père.

– Puisque vous avez la bonté de penser à moi, lui dit-elle, je vous prie de m'apporter une rose, car il n'en vient point ici. »

Ce n'est pas que la Belle se souciât d'une rose : mais elle ne voulait pas condamner par son exemple la conduite de ses sœurs, qui auraient dit que c'était pour se distinguer qu'elle ne demandait rien. Le bonhomme partit ; mais, quand il fut arrivé, on lui fit un procès pour ses marchandises ; et, après avoir eu beaucoup de peine, il revint aussi pauvre qu'il était auparavant. Il n'avait

1. *On lui marquait* : on lui faisait savoir.
2. *À la fin* : enfin.
3. *Palatines* : fourrures couvrant le cou et les épaules des femmes. C'est la princesse Palatine, Anne de Gonzague, qui mit cet accessoire à la mode. Par analogie, « palatine » a désigné les ornements que portent les femmes autour du cou.
4. *Bagatelles* : objets de peu de valeur et de peu d'utilité.

plus que trente milles[1] pour arriver à sa maison, et il se réjouissait déjà du plaisir de voir ses enfants; mais, comme il fallait passer un grand bois avant de trouver sa maison, il se perdit. Il neigeait horriblement; le vent était si grand, qu'il le jeta deux fois en bas de son cheval; la nuit étant venue, il pensa qu'il mourrait de faim ou de froid, ou qu'il serait mangé par des loups, qu'il entendait hurler autour de lui. Tout d'un coup, en regardant au bout d'une longue allée d'arbres, il vit une grande lumière, mais qui paraissait bien éloignée. Il marcha de ce côté-là, et vit que cette lumière sortait d'un grand palais qui était tout illuminé.

Le marchand remercia Dieu du secours qu'il lui envoyait, et se hâta d'arriver à ce château; mais il fut bien surpris de ne trouver personne dans les cours. Son cheval, qui le suivait, voyant une grande écurie ouverte, entra dedans, et ayant trouvé du foin et de l'avoine, le pauvre animal, qui mourait de faim, se jeta dessus avec beaucoup d'avidité.

Le marchand l'attacha dans l'écurie, et marcha vers la maison, où il ne trouva personne; mais, étant entré dans une grande salle, il y trouva un bon feu, et une table chargée de viande[2], où il n'y avait qu'un

---

1. *Trente milles* : le mille est une mesure anglaise équivalant à 1 609 mètres. Peut-être est-ce là un indice que le conte fut tout d'abord destiné à de jeunes Anglaises. La « lieue » (environ quatre kilomètres) était l'unité française utilisée le plus fréquemment à la même époque.

2. *Viande* : du latin *vivenda*, ce qui sert à vivre; d'où également « vivres » (provisions). Le mot a ici le sens général de « nourriture ».

couvert. Comme la pluie et la neige l'avaient mouillé jusqu'aux os, il s'approcha du feu pour se sécher, et disait en lui-même : « Le maître de la maison ou ses domestiques me pardonneront la liberté que j'ai prise, et sans doute ils viendront bientôt. »

Il attendit pendant un temps considérable ; mais onze heures ayant sonné sans qu'il vît personne, il ne put résister à la faim, et prit un poulet, qu'il mangea en deux bouchées et en tremblant. Il but aussi quelques coups de vin, et, devenu plus hardi, il sortit de la salle et traversa plusieurs grands appartements, magnifiquement meublés. À la fin, il trouva une chambre où il y avait un bon lit, et, comme il était minuit passé et qu'il était las, il prit le parti de fermer la porte et de se coucher.

Il était dix heures du matin quand il se leva le lendemain, et il fut bien surpris de trouver un habit fort propre à la place du sien, qui était tout gâté[1]. « Assurément, dit-il en lui-même, ce palais appartient à quelque bonne fée, qui a eu pitié de ma situation. »

Il regarda par la fenêtre, et ne vit plus de neige, mais des berceaux[2] de fleurs qui enchantaient la vue. Il rentra dans la grande salle où il avait soupé la veille, et vit une petite table où il y avait du chocolat[3]. « Je vous remercie, madame la Fée, dit-il tout haut, d'avoir eu la bonté de penser à mon déjeuner. »

---

1. *Gâté* : sali, taché.
2. *Des berceaux de fleurs* : fleurs disposées en voûte au-dessus d'un passage.
3. *Du chocolat* : boisson rare et prisée au XVIIIe siècle, le chocolat était encore assimilé à un produit médicinal.

Le bonhomme, après avoir pris son chocolat, sortit pour aller chercher son cheval, et, comme il passait sous un berceau de roses, il se souvint que la Belle lui en avait demandé une et cueillit une branche où il y en avait plusieurs. En même temps, il entendit un grand bruit, et vit venir à lui une bête si horrible, qu'il fut tout près de s'évanouir. « Vous êtes bien ingrat ! lui dit la bête d'une voix terrible ; je vous ai sauvé la vie en vous recevant dans mon château, et, pour ma peine, vous me volez mes roses, que j'aime mieux que toutes choses au monde ! il faut mourir pour réparer cette faute ; je ne vous donne qu'un quart d'heure pour demander pardon à Dieu. »

Le marchand se jeta à ses genoux, et dit à la bête, en joignant les mains : « Monseigneur, pardonnez-moi, je ne croyais pas vous offenser en cueillant une rose pour une de mes filles qui m'en avait demandé.

– Je ne m'appelle point monseigneur, répondit le monstre, mais la Bête. Je n'aime pas les compliments, moi, je veux qu'on dise ce que l'on pense : ainsi, ne croyez pas me toucher par vos flatteries. Mais vous m'avez dit que vous aviez des filles ; je veux bien vous pardonner, à condition qu'une de vos filles vienne volontairement pour mourir à votre place. Ne me raisonnez pas ; partez ; et, si vos filles refusent de mourir pour vous, jurez que vous reviendrez dans trois mois. »

Le bonhomme n'avait pas dessein[1] de sacrifier

---

1. *Le bonhomme n'avait pas dessein* : le bonhomme n'avait pas l'intention.

une de ses filles à ce vilain monstre; mais il pensa : «Au moins, j'aurai le plaisir de les embrasser encore une fois.» Il jura donc de revenir, et la Bête lui dit qu'il pouvait partir quand il voudrait. «Mais, ajouta-t-elle, je ne veux pas que tu t'en ailles les mains vides. Retourne dans la chambre où tu as couché : tu y trouveras un grand coffre vide; tu peux y mettre tout ce qu'il te plaira, je le ferai porter chez toi.»

En même temps la Bête se retira; et le bonhomme dit en lui-même : «S'il faut que je meure, j'aurai la consolation de laisser du pain à mes pauvres enfants.»

Il retourna dans la chambre où il avait couché, et, y ayant trouvé une grande quantité de pièces d'or, il remplit le grand coffre dont la Bête lui avait parlé, le ferma et, ayant repris son cheval qu'il retrouva dans l'écurie, il sortit de ce palais avec une tristesse égale à la joie qu'il avait lorsqu'il y était entré. Son cheval prit de lui-même une des routes de la forêt, et en peu d'heures le bonhomme arriva dans sa petite maison. Ses enfants se rassemblèrent autour de lui; mais, au lieu d'être sensible à leurs caresses, le marchand se mit à pleurer en les regardant. Il tenait à la main une branche de roses, qu'il apportait à la Belle. Il la lui donna, et lui dit : «La Belle, prenez ces roses, elles coûteront bien cher à votre malheureux père.» Et tout de suite il raconta à sa famille la funeste aventure qui lui était arrivée. À ce récit, ses deux aînées jetèrent de grands cris et dirent des injures à la Belle, qui ne pleurait point. «Voyez ce que produit l'orgueil de cette petite créature, disaient-elles; que ne demandait-elle des ajustements[1] comme nous ? Mais non, mademoiselle voulait se distinguer. Elle va causer la mort de notre père, et elle ne pleure pas !

– Cela serait fort inutile, reprit la Belle ; pourquoi pleurerais-je la mort de mon père ? Il ne périra point. Puisque le monstre veut bien accepter une de ses filles, je veux me livrer à toute sa furie[2], et je me trouve fort heureuse, puisqu'en mourant j'aurai la joie de sauver mon père et de lui prouver ma tendresse.

– Non, ma sœur, lui dirent ses trois frères, vous ne mourrez pas ; nous irons trouver ce monstre, et nous périrons sous ses coups si nous ne pouvons le tuer.

– Ne l'espérez pas, mes enfants, leur dit le marchand ; la puissance de cette Bête est si grande qu'il ne me reste aucune espérance de la faire périr. Je suis charmé du bon cœur de la Belle ; mais je ne veux pas l'exposer à la mort. Je suis vieux, il ne me reste que peu de temps à vivre ; ainsi, je ne perdrai que quelques années de vie, que je ne regrette qu'à cause de vous, mes chers enfants.

– Je vous assure, mon père, lui dit la Belle, que vous n'irez pas à ce palais sans moi ; vous ne pouvez m'empêcher de vous suivre. Quoique je sois jeune, je ne suis pas fort attachée à la vie, et j'aime mieux être dévorée par ce monstre que de mourir du chagrin que me donnerait votre perte. »

---

1. *Ajustements* : arrangements de la toilette, de l'habillement.
2. *Furie* : colère, rage. (Dans la mythologie, les Furies étaient les trois divinités des Enfers chargées d'exercer sur les criminels la vengeance divine.)

On eut beau dire, la Belle voulut absolument partir pour le beau palais, et ses sœurs en étaient charmées, parce que les vertus de cette cadette leur avaient inspiré beaucoup de jalousie. Le marchand était si occupé de la douleur de perdre sa fille qu'il ne pensait pas au coffre qu'il avait rempli d'or; mais, aussitôt qu'il se fut renfermé dans sa chambre pour se coucher, il fut bien étonné de le trouver à la ruelle[1] de son lit.

Il résolut[2] de ne point dire à ses enfants qu'il était devenu si riche, parce que ses filles auraient voulu retourner à la ville, et qu'il était résolu de mourir dans cette campagne; mais il confia ce secret à la Belle, qui lui apprit qu'il était venu quelques gentilshommes pendant son absence, et qu'il y en avait deux qui aimaient ses sœurs. Elle pria son père de les marier; car elle était si bonne qu'elle les aimait et leur pardonnait de tout son cœur le mal qu'elles lui avaient fait.

Ces deux méchantes filles se frottaient les yeux avec un oignon pour pleurer lorsque la Belle partit avec son père; mais ses frères pleuraient tout de bon, aussi bien que le marchand : il n'y avait que la Belle qui ne pleurait point, parce qu'elle ne voulait pas augmenter leur douleur. Le cheval prit la route du palais, et, sur le soir, ils l'aperçurent illuminé comme la première fois. Le cheval fut tout seul à l'écurie[3], et le bonhomme entra avec sa fille dans la grande salle, où ils trouvèrent une table magnifiquement servie, avec

1. *Ruelle* : espace libre entre le lit et le mur ou entre deux lits.
2. *Il résolut* : il décida.
3. *Le cheval fut tout seul à l'écurie* : le cheval alla tout seul à l'écurie.

deux couverts. Le marchand n'avait pas le cœur de manger; mais la Belle, s'efforçant de paraître tranquille, se mit à table et le servit; puis elle disait en elle-même : «La Bête veut m'engraisser avant de me manger, puisqu'elle me fait si bonne chère[1].»

Quand ils eurent soupé, ils entendirent un grand bruit, et le marchand dit adieu à sa pauvre fille en pleurant, car il pensait que c'était la Bête. La Belle ne put s'empêcher de frémir en voyant cette horrible figure; mais elle se rassura de son mieux; et, le monstre lui ayant demandé si c'était de bon cœur qu'elle était venue, elle lui dit en tremblant que oui. «Vous êtes bien bonne, dit la Bête, et je vous suis bien obligé[2]. Bonhomme, partez demain matin, et ne vous avisez jamais de revenir ici. Adieu[3], la Belle.

– Adieu, la Bête,» répondit-elle.

Et tout de suite le monstre se retira. «Ah! ma fille, dit le marchand en embrassant la Belle, je suis à demi mort de frayeur. Croyez-moi, laissez-moi ici.

– Non, mon père, lui dit la Belle avec fermeté, vous partirez demain matin, et vous m'abandonnerez au secours du ciel; peut-être aura-t-il pitié de moi.»

Ils furent se coucher[4], et croyaient ne pas dormir

---

1. *Bonne chère*: bon repas; de *cara* qui, en latin, signifie «visage», d'où «faire bonne chère» : montrer un joyeux visage, ce qui, par glissement de sens, a désigné d'abord l'idée d'accueillir quelqu'un aimablement en lui offrant un bon dîner, puis l'idée du repas en général.

2. *Je vous suis bien obligé*: je vous suis reconnaissant.

3. *Adieu* : au revoir.

4. *Ils furent se coucher*: ils allèrent se coucher.

Gravure de Bertall (1860).

de toute la nuit; mais, à peine furent-ils dans leurs lits que leurs yeux se fermèrent. Pendant son sommeil la Belle vit une dame, qui lui dit : «Je suis bien contente de votre bon cœur, la Belle; la bonne action que vous faites en donnant votre vie pour sauver celle de votre père ne demeurera point sans récompense.»

La Belle, en s'éveillant, raconta ce songe à son père; quoiqu'il le consolât un peu, cela ne l'empêcha pas de jeter des grands cris quand il fallut se séparer de sa chère fille.

Lorsqu'il fut parti, la Belle s'assit dans la grande salle et se mit à pleurer aussi mais, comme elle avait beaucoup de courage, elle se recommanda à Dieu[1], et résolut de ne point se chagriner pour le peu de temps qu'elle avait à vivre, car elle croyait fermement que la Bête la mangerait le soir. Elle résolut de se promener en attendant et de visiter ce beau château. Elle ne pouvait s'empêcher d'en admirer la beauté. Mais elle fut bien surprise de trouver une porte sur laquelle il y avait écrit :

APPARTEMENT DE LA BELLE

Elle ouvrit cette porte avec précipitation et fut éblouie de la magnificence[2] qui y régnait; mais ce qui frappa le plus sa vue, ce fut une grande bibliothèque, un clavecin et plusieurs livres de musique. « On ne veut pas que je m'ennuie », dit-elle tout bas; elle pensa ensuite : « Si je n'avais qu'un jour à demeurer ici, on ne m'aurait pas fait une telle provision[3]. »

Cette pensée ranima son courage. Elle ouvrit la bibliothèque, et vit un livre où il y avait écrit en lettres d'or : *Souhaitez, commandez; vous êtes ici la reine et la maîtresse.* « Hélas ! dit-elle en soupirant, je ne souhaite rien que de voir mon pauvre père et de savoir ce qu'il fait à présent. »

---

1. *Elle se recommanda à Dieu* : elle demanda dans ses prières la protection de Dieu.
2. *Magnificence* : splendeur, éclat.
3. *Une telle provision* : une si importante réserve (de distractions).

Elle avait dit cela en elle-même. Quelle fut sa surprise, en jetant les yeux sur un grand miroir, d'y voir sa maison, où son père arrivait avec un visage extrêmement triste. Ses sœurs venaient au-devant de lui; et, malgré les grimaces qu'elles faisaient pour paraître affligées, la joie qu'elles avaient de la perte de leur sœur paraissait sur leur visage. Un moment après, tout cela disparut, et la Belle ne put s'empêcher de penser que la Bête était bien complaisante, et qu'elle n'avait rien à craindre d'elle. À midi, elle trouva la table mise, et pendant son dîner[1] elle entendit un excellent concert, quoiqu'elle ne vît personne[2]. Le soir, comme elle allait se mettre à table, elle entendit le bruit que faisait la Bête, et ne put s'empêcher de frémir. « La Belle, lui dit ce monstre, voulez-vous bien que je vous voie souper?

– Vous êtes le maître, répondit la Belle en tremblant.

– Non, répondit la Bête, il n'y a ici de maîtresse que vous. Vous n'avez qu'à me dire de m'en aller, si je vous ennuie; je sortirai tout de suite. Dites-moi, n'est-ce pas que vous me trouvez bien laid?

– Cela est vrai, dit la Belle, car je ne sais pas mentir; mais je crois que vous êtes fort bon.

– Vous avez raison, dit le monstre; mais, outre que je suis laid, je n'ai point d'esprit[3] : je crois bien que je ne suis qu'une bête.

---

1. *Dîner* : repas de midi.
2. *Quoiqu'elle ne vît personne* : allusion à *L'Âne d'or* d'Apulée (voir la présentation, p. 13).
3. *Je n'ai pas d'esprit* : je n'ai ni intelligence ni humour, je ne sais pas briller dans la conversation.

– On n'est pas bête, reprit la Belle, quand on croit n'avoir point d'esprit : un sot n'a jamais su cela.

– Mangez donc, la Belle, lui dit le monstre, et tâchez de ne vous point ennuyer dans votre maison; car tout ceci est à vous, et j'aurais du chagrin si vous n'étiez pas contente.

– Vous avez bien de la bonté, dit la Belle. Je vous avoue que je suis bien contente de votre cœur; quand j'y pense, vous ne me paraissez plus si laid.

– Oh ! dame, oui, répondit la Bête, j'ai le cœur bon mais je suis un monstre.

– Il y a bien des hommes qui sont plus monstres que vous, dit la Belle, et je vous aime mieux avec votre figure que ceux qui, avec la figure d'hommes, cachent un cœur faux, corrompu, ingrat.

– Si j'avais de l'esprit, dit la Bête, je vous ferais un grand compliment pour vous remercier; mais je suis stupide, et tout ce que je puis vous dire c'est que je vous suis bien obligé. »

La Belle soupa de bon appétit. Elle n'avait presque plus peur du monstre; mais elle manqua mourir de frayeur lorsqu'il lui dit : « La Belle, voulez-vous être ma femme ? »

Elle fut quelque temps sans répondre; elle avait peur d'exciter la colère du monstre en le refusant; elle lui dit pourtant en tremblant : « Non, la Bête. »

Dans le moment ce pauvre monstre voulut soupirer, et il fit un sifflement si épouvantable, que tout le palais en retentit; mais la Belle fut bientôt rassurée, car la Bête, lui ayant dit tristement : « Adieu donc, la Belle », sortit de la chambre, en se retournant de temps en temps pour la regarder encore. La Belle, se voyant seule, sentit une grande compassion[1] pour cette pauvre Bête : « Hélas ! disait-elle, c'est bien dommage qu'elle soit si laide, elle est si bonne ! »

La Belle passa trois mois dans ce palais avec assez de tranquillité. Tous les soirs, la Bête lui rendait visite, l'entretenait[2] pendant le souper avec assez de bon sens, mais jamais avec ce qu'on appelle esprit dans le monde. Chaque jour, la Belle découvrait de nouvelles bontés dans ce monstre. L'habitude de le voir l'avait accoutumée à sa laideur ; loin de craindre le moment de sa visite, elle regardait souvent à sa montre[3] pour voir s'il était bientôt neuf heures, car la Bête ne manquait jamais de venir à cette heure-là. Il n'y avait qu'une chose qui faisait de la peine à la Belle : c'est que le monstre, avant de se coucher, lui demandait toujours si elle voulait être sa femme, et paraissait pénétré de douleur lorsqu'elle lui disait que non. Elle lui dit un jour : « Vous me chagrinez, la Bête ; je voudrais pouvoir vous épouser, mais je suis trop sincère pour vous faire croire que cela arrivera jamais[4]. Je serai toujours votre amie, tâchez de vous contenter de cela.

– Il le faut bien, reprit la Bête ; je me rends justice. Je sais que je suis bien horrible, mais je vous aime

1. *Compassion* : pitié.
2. *L'entretenait* : conversait avec elle.
3. *Montre* : au XVIIIe siècle, petite horloge portative.
4. *Que cela arrivera jamais* : que cela arrivera un jour.

beaucoup ; cependant je suis trop heureux de ce que vous voulez bien rester ici ; promettez-moi que vous ne me quitterez jamais. »

La Belle rougit à ces paroles. Elle avait vu dans son miroir que son père était malade de chagrin de l'avoir perdue, et elle souhaitait de le revoir. « Je pourrais bien vous promettre, dit-elle à la Bête, de ne jamais vous quitter tout à fait ; mais j'ai tant d'envie de revoir mon père que je mourrai de douleur si vous me refusez ce plaisir.

– J'aime mieux mourir moi-même, dit ce monstre, que de vous donner du chagrin. Je vous enverrai chez votre père ; vous y resterez, et votre Bête en mourra de douleur.

– Non, dit la Belle en pleurant, je vous aime trop pour vouloir causer votre mort. Je vous promets de revenir dans huit jours. Vous m'avez fait voir que mes sœurs sont mariées et que mes frères sont partis pour l'armée. Mon père est tout seul ; souffrez[1] que je reste chez lui une semaine.

– Vous y serez demain au matin, dit la Bête ; mais souvenez-vous de votre promesse. Vous n'aurez qu'à mettre votre bague sur une table en vous couchant, quand vous voudrez revenir. Adieu, la Belle. »

La Bête soupira, selon sa coutume, en disant ces mots, et la Belle se coucha toute triste de l'avoir affligée. Quand elle se réveilla le matin, elle se trouva dans la maison de son père ; et, ayant sonné une clochette qui était à côté de son lit, elle vit venir la ser-

1. *Souffrez* : permettez.

vante, qui fit un grand cri en la voyant. Le bonhomme accourut à ce cri, et manqua mourir de joie en revoyant sa chère fille, et ils se tinrent embrassés plus d'un quart d'heure. La Belle, après les premiers transports[1], pensa qu'elle n'avait point d'habits pour se lever; mais la servante lui dit qu'elle venait de trouver dans la chambre voisine un grand coffre plein de robes toutes d'or, garnies de diamants.

La Belle remercia la bonne Bête de ses attentions; elle prit la moins riche de ces robes, et dit à la servante de serrer[2] les autres, dont elle voulait faire présent à ses sœurs; mais à peine eut-elle prononcé ces paroles que le coffre disparut. Son père lui dit que la Bête voulait qu'elle gardât tout cela pour elle, et aussitôt les robes et le coffre revinrent à la même place. La Belle s'habilla; et pendant ce temps on fit avertir ses sœurs, qui accoururent avec leurs maris. Elles étaient toutes deux fort malheureuses. L'aînée avait épousé un gentilhomme beau comme l'Amour; mais il était si amoureux de sa propre figure, qu'il n'était occupé que de cela depuis le matin jusqu'au soir, et méprisait la beauté de sa femme. La seconde avait épousé un homme qui avait beaucoup d'esprit; mais il ne s'en servait que pour faire enrager tout le monde, et sa femme toute la première. Les sœurs de la Belle manquèrent de mourir de douleur quand elles la virent habillée comme une princesse, et plus

1. *Transports* : manifestations violentes de la passion; ici, les effusions (longues embrassades) de l'amour filial.
2. *Serrer* : ranger.

belle que le jour. Elle eut beau les caresser, rien ne put étouffer leur jalousie, qui augmenta beaucoup quand elle eut conté combien elle était heureuse. Ces deux jalouses descendirent dans le jardin, pour y pleurer tout à leur aise, et elles se disaient : « Pourquoi cette petite créature est-elle plus heureuse que nous ? Ne sommes-nous pas plus aimables qu'elle ?

– Ma sœur, dit l'aînée, il me vient une pensée : tâchons de l'arrêter ici plus de huit jours ; sa sotte Bête se mettra en colère de ce qu'elle lui aura manqué de parole, et peut-être qu'elle la dévorera.

– Vous avez raison, ma sœur, répondit l'autre. Pour cela il lui faut de grandes caresses. »

Et, ayant pris cette résolution, elles remontèrent et firent tant d'amitiés à leur sœur, que la Belle en pleura de joie. Quand les huit jours furent passés, les deux sœurs s'arrachèrent les cheveux et firent tant les affligées de son départ, qu'elle promit de rester encore huit jours.

Cependant la Belle se reprochait le chagrin qu'elle allait donner à sa pauvre Bête, qu'elle aimait de tout son cœur, et elle s'ennuyait de ne plus la voir. La dixième nuit qu'elle passa chez son père, elle rêva qu'elle était dans le jardin du palais, et qu'elle voyait la Bête couchée sur l'herbe et prête à mourir, qui lui reprochait son ingratitude.

La Belle se réveilla en sursaut et versa des larmes.

« Ne suis-je pas bien méchante, disait-elle, de donner du chagrin à une bête qui a pour moi tant de complaisance ? Est-ce sa faute si elle est si laide et si elle a peu d'esprit ? Elle est bonne, cela vaut mieux que tout le reste. Pourquoi n'ai-je pas voulu l'épouser ? Je serais plus heureuse avec elle que mes sœurs avec leurs maris. Ce n'est ni la beauté ni l'esprit d'un mari qui rendent une femme contente : c'est la bonté du caractère, la vertu, la complaisance ; et la Bête a toutes ces bonnes qualités. Je n'ai point d'amour pour elle ; mais j'ai de l'estime, de l'amitié et de la reconnaissance. Allons, il ne faut pas la rendre malheureuse ; je me reprocherais toute ma vie mon ingratitude. »

À ces mots, la Belle se lève, met sa bague sur la table et revient se coucher.

À peine fut-elle dans son lit, qu'elle s'endormit, et, quand elle se réveilla le matin, elle vit avec joie qu'elle était dans le palais de la Bête.

Elle s'habilla magnifiquement pour lui plaire et s'ennuya à mourir toute la journée, en attendant neuf heures du soir ; mais l'horloge eut beau sonner, la Bête ne parut point. La Belle, alors, craignit d'avoir causé sa mort. Elle courut tout le palais en jetant de grands cris ; elle était au désespoir. Après avoir cherché partout, elle se souvint de son rêve, et courut dans le jardin vers le canal où elle l'avait vue en dormant.

Elle trouva la pauvre Bête étendue sans connaissance, et elle crut qu'elle était morte. Elle se jeta sur son corps, sans avoir horreur de sa figure ; et sentant que son cœur battait encore, elle prit de l'eau dans le canal, et lui en jeta sur la tête.

La Bête ouvrit les yeux, et dit à la Belle : « Vous avez oublié votre promesse : le chagrin de vous avoir perdue m'a fait résoudre à me laisser mourir de faim ;

mais je meurs content, puisque j'ai le plaisir de vous revoir encore une fois.

– Non, ma chère Bête, vous ne mourrez point, lui dit la Belle; vous vivrez pour devenir mon époux; dès ce moment, je vous donne ma main, et je jure que je ne serai qu'à vous. Hélas! je croyais n'avoir que de l'amitié pour vous, mais la douleur que je sens me fait voir que je ne pourrais vivre sans vous voir. »

À peine la Belle eut-elle prononcé ces paroles qu'elle vit le château brillant de lumières : les feux d'artifice, la musique, tout lui annonçait une fête; mais toutes ces beautés n'arrêtèrent point sa vue; elle se retourna vers sa chère Bête, dont le danger la faisait frémir. Quelle fut sa surprise!

La Bête avait disparu, elle ne vit à ses pieds qu'un prince plus beau que l'Amour[1], qui la remerciait d'avoir fini son enchantement[2].

Quoique ce prince méritât son attention, elle ne put s'empêcher de lui demander où était la Bête. « Vous la voyez à vos pieds, lui dit le prince. Une méchante fée m'avait condamné à rester sous cette figure jusqu'à ce qu'une belle fille consentît à m'épouser, et elle m'avait défendu de faire paraître mon esprit. Ainsi il n'y avait que vous dans le monde assez bonne pour vous laisser toucher à la bonté de mon caractère; et, en vous offrant ma couronne, je ne puis que m'acquitter des obligations que je vous ai. »

---

1. *Plus beau que l'Amour* : allusion à Amour ou Cupidon, le fils de Vénus.
2. *Enchantement* : charme, sortilège.

La Belle, agréablement surprise, donna la main à ce beau prince pour le relever. Ils allèrent ensemble au château, et la Belle manqua mourir de joie en trouvant, dans la grande salle, son père et toute sa famille, que la belle dame qui lui était apparue en songe avait transportés au château. « Belle, lui dit cette dame, qui était une grande fée, venez recevoir la récompense de votre bon choix : vous avez préféré la vertu à la beauté et à l'esprit, vous méritez de trouver toutes ces qualités réunies en une même personne. Vous allez devenir une grande reine : j'espère que le trône ne détruira pas vos vertus. Pour vous, mesdemoiselles[1], dit la fée aux deux sœurs de la Belle, je connais votre cœur et toute la malice[2] qu'il renferme. Devenez deux statues; mais conservez toute votre raison sous la pierre qui vous enveloppera. Vous demeurerez à la porte du palais de votre sœur et je ne vous impose point d'autre peine que d'être témoins de son bonheur. Vous ne pourrez revenir dans votre premier état qu'au moment où vous reconnaîtrez vos fautes; mais j'ai bien peur que vous ne restiez toujours statues. On se corrige de l'orgueil, de la colère, de la gourmandise et de la paresse; mais c'est une espèce de miracle que la conversion[3] d'un cœur méchant et envieux. »

1. *Mesdemoiselles* : la fée appelle les sœurs « mesdemoiselles » car on nommait ainsi des femmes non titrées, qu'elles soient mariées ou non.
2. *Malice* : ici, au sens fort de méchanceté.
3. *Conversion* : transformation.

Dans le moment, la fée donna un coup de baguette qui transporta tous ceux qui étaient dans cette salle dans le royaume du prince. Ses sujets le revirent avec joie ; et il épousa la Belle, qui vécut avec lui fort longtemps et dans un bonheur parfait, parce qu'il était fondé sur la vertu.

Quatre Contes populaires

À la recherche
de l'époux disparu

La Belle et la Bête[1]

Il était une fois un marchand d'habits qui avait trois filles. Un jour, il s'en va à la ville pour acheter des affaires. Alors, il dit à une de ses filles, à l'aînée : « Qu'est-ce qu'il faudra que je t'apporte ?

– Oh, elle lui dit, mon père, j'aimerais bien une belle robe.

– Bien, je t'apporterai ta robe. »

À la deuxième il dit : « Et toi, qu'est-ce que tu voudras que je t'apporte ?

– Oh, elle dit, mon père, moi, je voudrais un joli corsage. »

Alors il lui dit : « Bien, je t'apporterai ton corsage. »

À la troisième il dit : « Qu'est-ce qu'il faudra que je t'apporte ?

– Oh, elle dit, mon père, comme on n'est pas bien riche, tu m'apporteras seulement une rose.

1. Conte recueilli par mademoiselle A. de Felice en 1944 auprès de Jeanne Meiraud, quarante et un ans, native de Fromental, dans la Creuse. Ce conte a d'abord été noté en patois, puis la conteuse l'a traduit elle-même en français.

– Oh, il lui dit, je t'apporterai une rose, mais ce n'est pas grand'chose ! »

Alors, voilà le marchand parti en ville : il achète sa robe, il achète son corsage, mais il n'avait pas trouvé de rose. En revenant, qu'est-ce qu'il voit ? Un joli château avec plein de roses dans le jardin. Il se dit : « Ma foi, tant pis ! Je vais demander si on veut me donner une rose. »

Il rentre, il approche : il ne voit personne. « Eh bien, il dit, tant pis ! Je coupe la rose ! »

Il coupe une rose. Mais, en coupant la rose, il est sorti du sang. Alors, une grosse bête apparaît qui lui dit : « Tu as coupé une rose sans me le demander. »

Le marchand lui répond : « Eh bien, c'est pour ma fille qui m'en avait demandé une. Ma foi ! n'en trou-

vant nulle part, j'en ai pris une ici. »

Alors la Bête lui dit : « Puisque tu as une fille, tu reviendras avec elle pour que je la mange, ou toi-même ! Si dans deux jours tu n'es pas là, il t'arrivera un grand malheur. »

Voilà le marchand parti, bien ennuyé. En arrivant chez lui, il donne la robe à sa première fille ; ensuite il donne le corsage à la deuxième ; alors il dit à la troisième : « Voici ta rose, mais, tu sais, elle m'a causé de graves ennuis. Il faudra que toi ou moi nous revenions où je l'ai prise, car il y a une grosse bête qui veut nous manger toi ou moi parce que j'ai coupé la rose. »

Les deux sœurs de la jeune fille là l'ont disputée : « Tu vois, avec tes manières de ne pas être comme tout le monde ! Si notre père est mangé, qu'est-ce qu'on fera, nous seules ?

– Ce n'est pas mon père qui sera mangé, ce sera moi ! »

Voilà le père et la fille partis. En arrivant à la porte du château, la jeune fille, elle rentre ; puis le père s'en va. La jeune fille regarde partout, ne trouve personne. Partout où elle regarde, c'était marqué :

Tout est à toi. Mais surtout, ne t'en va pas, car il arriverait un grand malheur à ton père.

Arrive le soir. La jeune fille, ne voyant rien, se couche dans un beau lit. Et, dans la nuit, voilà qu'apparaît la Bête. La Bête lui dit : « Si tu veux te marier avec moi, tu seras très heureuse. » Alors, la jeune fille dit : « Avant, je veux réfléchir. »

Elle ne pouvait pas dire non !

Les jours passèrent. La jeune fille ne se décidait pas. Alors, elle dit à la Bête : « Si tu étais bien gentille, tu me laisserais aller voir mes parents. » La Bête lui dit : « Vas-y, mais sois rentrée à neuf heures ! » Voilà la jeune fille partie et qui revient juste à neuf heures.

Une autre fois, la jeune fille lui dit : « Je voudrais bien encore une fois aller voir mes parents ! » La Bête lui dit : « Vas-y, mais, comme tu as été raisonnable, tu rentreras à dix heures. » Et la jeune fille, le soir, revient à dix heures.

Une autre fois, elle dit : « Je voudrais bien encore une fois aller voir mes parents. » Alors la Bête lui dit : « Vas-y, mais tu seras là à onze heures. » Mais les sœurs lui disent au moment de partir : « Tu nous embêtes avec ta Bête ! Tu as bien le temps de rentrer ! » La jeune fille se laisse faire et ne rentre que le lendemain.

Le lendemain, en arrivant, elle ne trouve plus sa Bête… mais, tout à coup, qu'est-ce qu'elle entend ? La Bête qui était dans la rivière et qui pleurait ! Elle voulait se noyer parce qu'elle croyait que la jeune fille ne rentrerait pas. Alors la jeune fille lui dit : « Reviens, ma Bête, je me marierai avec toi ! »

Et la Bête se transforme en un prince charmant. (C'était un prince que les sorcières avaient changé en Bête, comme autrefois.)

Alors la Belle et la Bête se sont mariés. Il y a eu un grand mariage. Puis, la jeune fille a pris son père avec elle. Elle a dit à ses sœurs : « Vous n'avez pas été très bonnes pour moi mais je veux l'oublier. Je vous donnerai un appartement dans mon palais et vous n'aurez plus besoin de travailler. Et nous serons tous très heureux ! »

Et c'est fini !

Courbasset, petit corbeau [1]

Il y avait une fois un homme et une femme qui avaient trois filles. L'homme était aveugle. Un jour, l'aînée des filles, en allant puiser un seau d'eau à la fontaine, vit un corbeau à côté du jet. «Jolie demoiselle, lui dit le corbeau, si tu veux que ton père recouvre la vue, il faut m'épouser; mais si tu ne veux pas, tu me conduiras ta sœur cadette, demain à la même heure, ici contre la fontaine.»

Rentrée à la maison, elle dit tout cela à son père. «Eh bien, fais comme tu voudras, répondit le père.

– Ce corbeau est trop laid, fit la jeune fille; je ne le veux pas. Demain je conduirai ma sœur cadette à la fontaine pour voir si le corbeau lui plaît.»

Le lendemain les deux sœurs retournent puiser de l'eau, et trouvent le corbeau à côté de la fontaine. Celui-ci leur redit que leur père y verrait de nouveau si l'une d'elles voulait l'épouser. «Moi je ne te veux pas, fit l'aînée.

1. Conte recueilli en décembre 1949 et décembre 1950 auprès de Marie Arnaud, alors âgée de soixante-trois ans et demeurant à Fougax-et-Barrineuf (Ariège).

– Et moi non plus, dit l'autre.

– Eh bien, répondit le corbeau, retournez à la maison et demain conduisez ici votre plus jeune sœur. »

Rentrées à la maison, elles content cela au père et celui-ci dit : « Je serais bien heureux de recouvrer[1] la vue ; mais si le corbeau ne vous plaît pas, je ne veux pas vous obliger à l'épouser.

– Eh bien, demain nous verrons si notre sœur veut le corbeau. »

Le lendemain les trois sœurs vont à la fontaine, où elles trouvent encore le corbeau. Celui-ci leur redit la même chose. « Si notre père doit recouvrer la vue, fait la jeune sœur, moi je veux bien t'épouser.

– S'il en est ainsi, dit le corbeau, demain tu reviendras ici avec une valise contenant tout ce qu'il faut pour se marier. »

Arrivées à la maison, leur père recouvra la vue aussitôt. Alors les trois sœurs se hâtent de préparer la valise ; et le lendemain la jeunette s'en va directement à la fontaine où le corbeau l'attendait. Elle lui attache la valise à une patte, monte sur ses ailes, et tous deux s'envolent...

Au bout d'une demi-heure environ, à la tombée de la nuit, ils arrivent devant un magnifique château et entrent par une fenêtre, dans une chambre tout obscure. Alors le corbeau se change en un riche prince ; c'était une fée qui lui avait donné ce pouvoir de se changer en corbeau pendant le jour.

Environ huit jours après, la bonne princesse

1. *Recouvrer la vue* : retrouver la vue.

retourna à la maison paternelle et conta tout cela aux siens. Pensez un peu comme ses sœurs furent jalouses : elles furent tellement jalouses qu'un soir elles montèrent vers le château et entrèrent en cachette dans la chambre de leur sœur. Elles allumèrent une bougie et firent couler tout plein de cire sur les ailes du prince, ailes qu'il posait sur une tablette quand il n'était pas changé en corbeau.

Lorsque le prince vit cela en se couchant, il en fut bien chagriné car la fée lui avait dit qu'il en aurait pour dix ans de pénitence[1] si ses ailes étaient détériorées.

Ils devaient tous les deux faire une longue pénitence. Le prince devait quitter son château un long espace de temps et s'en aller bien loin faire sa pénitence. La demoiselle devait travailler au château environ deux jours, puis aller faire sa pénitence également bien loin. Alors le prince lui dit : « Écoute ; je connais une fée qui m'a fait les recommandations suivantes. Quand on te fera exécuter un travail trop pénible, tu n'auras qu'à dire :

Courbasset, courbasset,	*Petit corbeau, petit corbeau,*
Assistats-me, siu plet !	*Aidez-moi, s'il vous plaît !*

Lorsque tu auras assez travaillé ici, on te fera aller chercher un diamant chez ma grand-mère. Mais tu auras soin alors d'emporter tout ceci : sept pains, sept gros balais, sept aiguilles, sept petits balais et sept bouteilles d'huile. Lorsque tu reviendras, on te

1. *Pénitence* : punition imposée pour expier une faute.

fera mettre dans la cour du château et on te fera défiler devant tous les hommes pour te demander de choisir celui qui te plaît. Le dernier, ce sera moi et tu n'auras qu'à dire : je désire celui-ci. »

Et le prince partit…

Le lendemain, comme première épreuve, les hommes du château firent charger à la pauvre demoiselle cinquante charretées de fumier en lui disant qu'il fallait exécuter ce travail dans la journée. Et la pauvrette se mit à pleurer car elle voyait qu'elle ne pourrait faire tout cela en si peu de temps. Mais, tout de même, elle se mit à l'œuvre et chargea une charretée. Alors, bien fatiguée, elle se rappela la recommandation du prince, et elle dit :

Courbasset, courbasset,
Assistats-me, siu plet !

Aussitôt, de tous les coins de la forêt, arrive une volée de corbeaux ; et dans moins de trois heures, les quarante-neuf charretées de fumier qui restaient à charger furent pleines.

Au soir, les hommes vinrent voir où en était le travail et ils furent étonnés. « Et comment a-t-elle fait de charger tout cela toute seule ? demanda l'un.

– Ce n'est pas possible, fit un autre.

– Nous verrons demain comment elle fera », dit un troisième.

Le lendemain on l'a fait aller décharger les cinquante charretées de fumier dans toutes les prairies du château. Arrivée au premier pré, elle se met à crier :

Courbasset, courbasset,
Assistat-me, siu plet !

Et les corbeaux arrivent de partout et déchargent les cinquante charretées en deux heures environ. Quand les hommes vinrent voir le travail, ils furent encore plus étonnés que la veille. Alors ils commandèrent à la demoiselle d'aller chercher le diamant à la maison de la grand-mère du prince.

Elle se met en route le lendemain, à l'aube, emportant les sept pains, les sept gros balais, les sept aiguilles, les sept petits balais et les sept bouteilles d'huile, comme le lui avait recommandé le prince.

Au bout d'un long moment, le chemin se mit à monter vers le sommet d'une colline. Et presque aussitôt la demoiselle rencontra sept chiens qui se battaient, depuis sept ans, pour un morceau de pain et qui lui barraient la route. Elle leur donne un pain à chacun et ils la laissent passer.

Elle finit de monter au sommet de la colline, et un peu plus loin elle trouva sept femmes qui se battaient depuis sept ans pour un balai et qui lui barraient la route. Elle leur donne un balai à chacune et elles la laissent passer.

Plus loin, elle trouve sept tailleurs qui se battaient depuis sept ans pour une aiguille et qui lui barraient la route. Elle leur donne une aiguille à chacun et ils la laissent passer.

Encore plus loin, elle arrive au pied d'un grand escalier de pierre qui n'avait pas été balayé depuis sept ans. Elle se met à le balayer et en retire les toiles d'araignée avec ses petits balais. Au sommet de l'escalier, elle trouve les murs du château où demeurait la grand-mère du prince : mais les portes étaient fermées et elles n'avaient pas été huilées depuis sept ans. Elle se met à les huiler comme il faut, puis elles s'ouvrent toutes seules. La demoiselle trouve d'autres escaliers qui n'avaient pas été balayés depuis sept ans ; elle les balaye soigneusement et en retire les toiles d'araignée avec ses petits balais. À force de monter, elle arrive au sommet des escaliers et se trouve devant la porte de la chambre de la grand-mère. Elle huile cette porte, qui depuis sept ans n'avait pas reçu une goutte d'huile, et celle-ci s'ouvre. Mais les sept bouteilles d'huile étaient épuisées, les sept petits balais étaient usés, et elle ne possédait plus rien.

Dans la chambre, la grand-mère dormait, et le diamant était suspendu à une poutre. La demoiselle monte sur une chaise, décroche le diamant et sort vivement. Mais aussitôt la grand-mère se réveille, jette les yeux à la poutre, n'y voit plus le diamant et se met à crier en se levant :

Porte, porte, arrête cette femme !
Escaliers, escaliers, arrêtez cette voleuse !
Portes, portes, arrêtez cette voleuse !

Mais les portes, bien heureuses d'être huilées, alors que depuis sept ans elles ne l'avaient pas été, et les escaliers, bien heureux d'être balayés alors que depuis sept ans ils ne l'avaient pas été, laissèrent passer la brave fille.

La vieille femme s'était mise à sa poursuite. Et elle se mit à crier quand la demoiselle arriva près des sept femmes :

Femmes, femmes, arrêtez cette voleuse !

Et les sept femmes répondirent : « Nous autres, il y avait sept ans que nous nous battions pour un balai et maintenant nous en avons un chacune. » Et elles laissèrent passer la demoiselle.

Plus loin, la grand-mère vit les sept tailleurs, puis les sept chiens, et elle leur cria :

Tailleurs, tailleurs, arrêtez cette voleuse !
Chiens, chiens, arrêtez cette voleuse !

Les tailleurs lui disent : « Nous autres, il y avait sept ans que nous nous battions pour une aiguille, et maintenant nous en avons une chacun. »

Et les chiens répondent : « Nous autres, il y avait sept ans que nous nous battions pour un morceau de pain, et maintenant nous avons un pain chacun. »

Et tailleurs et chiens laissent passer la brave fille. Elle arriva ainsi au château du prince et porta le diamant.

Le lendemain on la fit passer devant tous les hommes du château, alignés dans la cour, pour choisir celui qu'elle désirait comme mari. « Tu désires celui-ci ? lui demandait-on en passant devant chacun d'eux.

– Non », répondait-elle.

Ils arrivèrent ainsi au dernier qui était couvert d'habits déchirés. « Tu désires celui-ci ? lui demanda-t-on.

– Oui, je désire celui-ci », répondit-elle.

C'était le prince. La brave fille avait achevé sa pénitence, et le prince la sienne. Alors ils se marièrent, et il se fit une noce comme jamais on n'avait vu la pareille.

Soun passat per un prat.	*Je suis passé dans un pré.*
Tric, trac,	*Tric, trac,*
Moun counte es acabat.	*Mon conte est fini.*

L'homme-poulain [1]

Il y avait autrefois, au vieux château de Kerouez, en la commune de Loguivi-Plougras, un seigneur riche et puissant qui avait un fils unique, lequel était venu au monde avec une tête de poulain, ce dont toute la famille était fort désolée. Quand l'enfant à tête de poulain eut atteint l'âge de dix-huit ans, il dit un jour à sa mère qu'il voulait se marier, et qu'il fallait aller lui demander une des filles du fermier, qui avait trois jolies jeunes filles.

La bonne dame se rendit chez sa fermière, un peu embarrassée de sa commission. Après avoir causé

1. Conte collecté par F.-M. Luzel auprès de Barbe Tassel au bourg de Plonaret en 1869. François-Marie Luzel (1821-1895) fait partie de cette génération de folkloristes qui, à la fin du XIXe siècle, se mirent à recueillir méthodiquement contes et récits. Il naît en 1821 à Plouaret, près de Lannion (Côtes-d'Armor). Il exerce tour à tour les fonctions de professeur, de journaliste et d'archiviste du Finistère. Il collecte de nombreux contes en Basse-Bretagne. L'écrivain Ernest Renan, avec lequel il entretint une longue correspondance, évoque son ami dans un court passage de ses *Souvenirs d'enfance et de jeunesse* (1883) : « Luzel sera, j'espère, le Pausanias de ces petites chapelles locales et fixera par écrit toute cette magnifique légende [celle de saint Ronan], à la veille de se perdre. »

Ce costume de loup-garou a été conçu pour le *Ballet royal de la Nuit* de Lully. Louis XIV avait quinze ans lorsqu'il le dansa. On peut voir dans ce costume une illustration de la double nature de l'homme humaine/animale. (Bibliothèque de l'Institut).

longtemps avec elle de son bétail, de ses enfants et de mille autres choses, elle expliqua enfin le motif de sa visite. «Jésus! Madame, que dites-vous là! Donner ma fille, une chrétienne, à un homme qui a une tête de bête! s'écria la fermière.

– Ne vous effrayez pas trop de cela, ma pauvre femme, c'est Dieu qui me l'a donné ainsi, et il en est assez malheureux, le pauvre enfant! Du reste, c'est la douceur et la bonté même, et votre fille serait heureuse avec lui.

– Je vais demander à mes filles, et si l'une d'elles accepte, je n'y ferai point d'opposition.»

Et la bonne femme alla trouver ses filles, et leur expliqua le motif de la visite de la dame du château. «Osez-vous bien nous faire une pareille proposition? répondirent les deux aînées; épouser quelqu'un qui a une tête de poulain! Il faudrait être bien à court de galants[1], et, Dieu, merci, nous n'en sommes pas là.

– Mais, songez donc comme il est riche, et, comme il est fils unique, le château et tout le reste vous appartiendra.

– C'est vrai, reprit l'aînée, je serai ainsi châtelaine; eh bien! dites-lui que je consens à l'épouser.»

La mère transmit la réponse de sa fille aînée à la dame, et celle-ci revint tout heureuse au château, pour annoncer la nouvelle à son fils.

On s'occupa immédiatement des préparatifs de la noce.

Quelques jours après, la jeune fiancée était près

1. Vient de *galer* qui, en ancien français veut dire s'amuser. *Galant* : homme qui aime faire la cour aux femmes.

du *douet*[1], dans le bois, regardant les servantes du château qui lavaient le linge, causant et riant avec elles. Une d'elles lui dit : « Comment pouvez-vous prendre pour époux quelqu'un qui a une tête de poulain, une belle fille comme vous !

– Bah ! répondit-elle, il est riche ; et puis, soyez tranquilles, il ne sera pas longtemps mon mari, car, la première nuit de mes noces, je lui couperai le cou. »

En ce moment, vint à passer un beau seigneur qui, ayant entendu la conversation, dit : « Vous avez là une singulière conversation !

– Ces lavandières[2], Monseigneur, répondit la jeune fiancée, se moquent de moi, parce que je consens à me marier avec le jeune seigneur du château, qui a une tête de poulain ; mais, je ne serai pas longtemps la femme de cet animal-là, car, la première nuit de mes noces, je lui couperai le cou.

– Vous ferez bien », répondit l'inconnu.

Et il poursuivit sa route, et disparut.

Enfin, le jour des noces arriva. Grande fête au château et grands festins. L'heure venue, les filles d'honneur conduisirent la jeune mariée à la chambre nuptiale[3], la déshabillèrent, la mirent au lit, puis se

1. *Douet* ou *doué* : le lavoir.
2. *Lavandières* : femmes qui lavent le linge à la main. C'est un motif fréquent dans les contes populaires bretons. Ici, les lavandières font partie du monde obscur auquel appartient aussi l'homme-poulain. En Bretagne, les lavandières de la nuit sont des apparitions fort connues, contraintes de laver sans répit en punition d'une faute passée (l'infanticide par exemple).
3. *Nuptiale* : relative aux noces, à la célébration du mariage.

retirèrent. Le jeune époux arriva alors, beau et brillant; car, après le coucher du soleil, il perdait sa tête de poulain et devenait en tout semblable aux autres hommes. Il courut au lit, se pencha sur la jeune épouse, comme pour l'embrasser, et lui coupa la tête!...

Le lendemain matin, quand sa mère vint, elle fut saisie d'horreur au spectacle qui s'offrit à ses yeux, et s'écria : « Dieu, mon fils, qu'avez-vous fait?

– Je lui ai fait, ma mère, ce qu'elle voulait me faire à moi-même. »

Trois mois après, l'envie de se marier reprit le seigneur à la tête de poulain, et il pria sa mère de lui aller demander la seconde fille du fermier. Celle-ci ignorait, sans doute, la manière dont sa sœur avait péri; aussi accepta-t-elle avec empressement la proposition qui lui était faite, toujours à cause des grands biens du jeune seigneur.

Les préparatifs de la noce commencèrent aussitôt, et un jour qu'elle était, comme sa sœur, près du *douet,* regardant les lavandières du château, causant et riant avec elles, quelqu'une lui dit : « Comment pouvez-vous prendre pour mari un homme à tête de poulain, jolie comme vous êtes? Et puis, prenez bien garde, personne ne sait bien au juste ce qu'est devenue votre sœur aînée...

– Soyez donc tranquilles, je saurai bien me débarrasser de cet animal-là; je le tuerai comme un pourceau, la première nuit de ses noces, et tous ses biens me resteront. »

En ce moment vint encore à passer le même seigneur inconnu, qui s'arrêta un instant et dit : « Vous avez là une étrange conversation, jeunes filles !

– Ce sont ces filles, Monseigneur, qui me dissuadent de me marier avec le jeune maître du château, parce qu'il a une tête de poulain ; mais, je l'égorgerai, comme un pourceau, la première nuit de mes noces, et tous ses biens m'appartiendront.

– Vous ferez bien », répliqua l'inconnu.

Et il disparut.

Les noces furent célébrées avec solennité, comme la première fois ; festins magnifiques, musique, danses, toutes sortes de jeux. Mais, le lendemain matin, la jeune mariée fut encore trouvée dans son lit, la tête coupée !...

Trois mois après, le jeune seigneur à la tête de poulain dit à sa mère de lui aller demander la troisième fille du fermier. Les parents firent des difficultés, cette fois ; le sort de leurs deux aînées les effrayait. Mais, on leur offrit de leur céder leur métairie en toute propriété, et ce fut là un argument irrésistible. D'ailleurs, la jeune fille elle-même était consentante et dit à sa mère : « Je le prendrai volontiers, ma mère ; si mes deux sœurs ont perdu la vie, c'est de leur faute ; c'est leur langue qui en a été la cause. »

On fit donc des préparatifs de noces au château, pour la troisième fois. Comme ses deux aînées, la jeune fiancée alla causer avec les lavandières sur l'étang. « Comment, lui disaient-elles, une jolie fille comme vous, vous allez vous marier avec quelqu'un qui a une tête de poulain, et après ce qui est arrivé à vos deux sœurs aînées !

– Oui, oui, répondit-elle, avec assurance, je me marierai avec lui et je n'ai pas peur qu'il m'arrive comme à mes sœurs; s'il leur est arrivé malheur, c'est leur langue qui en a été la cause.»

En ce moment, vint à passer le même seigneur que les deux autres fois, qui entendit la conversation, et poursuivit sa route, sans rien dire, cette fois.

Les noces eurent lieu avec grande pompe[1] et solennité; festins magnifiques, musique, danses, jeux et divertissements de toutes sortes, comme les deux premières fois. La seule différence fut que, le lendemain, la jeune mariée vivait encore. Pendant neuf mois, elle vécut heureuse avec son mari. Celui-ci n'avait sa tête de poulain que pendant le jour; le soleil couché, il devenait un beau jeune homme, jusqu'au lendemain matin.

Au bout de neuf mois, la jeune femme donna le jour à un fils, un bel enfant, bien conformé, et sans tête de poulain. Au moment de partir pour faire baptiser l'enfant, le père dit à la jeune mère : «J'avais été condamné à porter une tête de poulain; jusqu'à ce qu'un enfant me fût né; maintenant je vais être délivré, et, une fois mon fils baptisé, je serai en tout semblable aux autres hommes. Mais, ne dites rien de ceci à qui que ce soit, jusqu'à ce que les cloches du baptême aient cessé de sonner; si vous en dites la moindre chose, même à votre mère, je disparaîtrai à l'instant, et vous ne me reverrez plus jamais!»

Ayant fait cette recommandation, il partit avec le parrain et la marraine, pour faire baptiser son fils.

---

1. *Avec grande pompe* : avec faste et luxe.

Bientôt la jeune mère entendit les cloches de son lit, et elle était tout heureuse. Dans son impatience d'annoncer la bonne nouvelle à sa mère, qui était près de son lit, elle ne put attendre qu'elles eussent cessé de sonner et parla. Aussitôt elle vit arriver son mari, avec sa tête de poulain, couvert de poussière et fort en colère. «Ah! malheureuse, s'écria-t-il, qu'as-tu fait? À présent, je pars, et tu ne me reverras plus jamais!»

Et il partit aussitôt, sans même l'embrasser.

Elle se leva pour le retenir; ne le pouvant pas, elle courut après lui. «Ne me suis pas!» lui cria-t-il. Mais elle ne l'écoutait pas, et courait toujours. «Ne me suis pas, te dis-je!»

Elle était sur ses talons, elle allait l'atteindre; il se détourna alors et lui donna un coup de poing en pleine figure. Le sang jaillit jusque sur sa chemise, et y fit trois taches. «Puissent ces taches, s'écria la jeune femme, ne pouvoir jamais être effacées, jusqu'à ce que j'arrive à les enlever moi-même!

– Et toi, malheureuse, répondit son mari, tu ne me retrouveras que lorsque tu auras usé trois paires de chaussures de fer à me chercher!»

Pendant que le sang, qui coulait en abondance du nez de la jeune mère, l'empêchait de poursuivre, l'homme-poulain continuait sa course, et elle l'eut bientôt perdu de vue.

Alors, elle se fit faire trois paires de chaussures de fer, et partit à sa recherche. Elle allait au hasard, ne sachant quelle direction prendre.

Après avoir marché pendant dix ans, sa troisième paire de chaussures était presque usée, quand elle se trouva un jour auprès d'un château, où des servantes étaient à laver du linge, sur un étang. Elle s'arrêta un instant pour les regarder, et entendit une des lavandières qui disait : « La voici encore, la chemise ensorcelée ! Elle se présente à toutes les buées[1], et j'ai beau la frotter avec du savon, je ne puis enlever les trois taches de sang qui s'y trouvent ; et demain le seigneur en aura besoin pour aller à l'église, car c'est sa plus belle chemise ! »

La jeune femme écoutait de toutes ses oreilles. Elle s'approcha de la lavandière qui parlait ainsi, et lui dit : « Confiez-moi un peu cette chemise, je vous prie ; je pense que je réussirai à faire disparaître les taches. »

On lui donna la chemise ; elle cracha sur les taches, la trempa dans l'eau, puis la frotta, et les taches disparurent. « Je vous remercie, lui dit la lavandière ; allez au château, demandez à loger et tantôt, quand j'arriverai, je vous recommanderai à la cuisinière. »

Elle se rendit au château, elle mangea à la cuisine avec les domestiques, et on la fit coucher dans un petit cabinet, tout près de la chambre du seigneur. Tous les lits étaient occupés partout. Vers minuit, le seigneur entra dans sa chambre. Le cœur de la jeune femme battait si fort de se trouver si près de son mari qu'elle faillit s'évanouir. Une cloison de planches seule les séparait l'un de l'autre. Elle frappa avec son doigt sur la cloison ; son mari répondit de l'autre côté.

Elle se fit connaître, et son mari s'empressa de venir la rejoindre. Jugez s'ils furent heureux de se

1. *À toutes les buées* : à toutes les lessives.

retrouver, après une si longue séparation, et tant de maux soufferts !

Il était grand temps ! Le lendemain devait se célébrer son mariage avec la fille du maître de ce château. Mais il fit remettre la cérémonie, je ne sais sous quel prétexte, et, comme le festin était préparé et que les invités étaient tous arrivés, on se mit à table. L'étrangère, belle comme une princesse, quoique peu parée, fut présentée à la société, par la fiancée, comme sa cousine.

Le repas fut fort gai. Vers la fin, le fiancé parla ainsi à son futur beau-père : « Beau-père, je voudrais avoir votre avis sur le cas que voici : j'ai un joli coffret, rempli d'objets précieux, et dont j'avais perdu la clef. J'ai fait faire une nouvelle clef, et je viens maintenant
70 de retrouver la première. À laquelle dois-je donner la préférence ?

– Respect est toujours dû à ce qui est ancien, répondit le vieillard ; il faut reprendre votre première clef.

– Eh bien ! voici ma première femme, que je viens de retrouver, car je suis déjà marié ; et comme je l'aime toujours, je pense qu'il me convient de la reprendre, comme vous l'avez dit vous-même. »

Grand fut l'étonnement de tout le monde ; et, au milieu du silence général, il prit sa première femme par la main, et sortit avec elle de la salle du festin.

Ils retournèrent dans leur pays et vécurent heureux ensemble, le reste de leurs jours.

Le loup blanc[1]

Il était une fois un homme qui avait trois filles. Un jour, il leur dit qu'il allait faire un voyage. « Que me rapporteras-tu ? demanda l'aînée.

– Ce que tu voudras.

– Eh bien ! rapporte-moi une belle robe.

– Et toi, que veux-tu ? dit le père à la cadette.

– Je voudrais aussi une robe.

– Et toi, mon enfant ? dit-il à la plus jeune, celle des trois qu'il aimait le mieux.

– Je ne désire rien, répondit-elle.

– Comment, rien ?

– Non, mon père.

– Je dois rapporter quelque chose à tes sœurs, je ne veux pas que tu sois la seule qui n'ait rien.

– Eh bien ! je voudrais avoir la rose qui parle.

1. Conte lorrain collecté par Emmanuel Cosquin (1841-1919). Ce folkloriste fut un érudit qui écrivit des études comparatives sur les contes populaires. Son grand œuvre est l'ouvrage intitulé *Les Contes populaires de Lorraine* (1886) qui sont pour la France l'équivalent des *Contes* des frères Grimm pour l'Allemagne.

– La rose qui parle? s'écria le père. Où pourrai-je la trouver?

– Oui, mon père, c'est cette rose que je veux; ne reviens pas sans l'avoir.»

Le père se mit en route. Il n'eut pas de peine à se procurer de belles robes pour ses filles aînées; mais, partout où il s'informa de la rose qui parle, on lui dit qu'il voulait rire, et qu'il n'y avait au monde rien de semblable. «Pourtant, disait le père, si cette rose n'existait pas, comment ma fille me l'aurait-elle demandée?» Enfin il arriva un jour devant un beau château, d'où sortait un murmure de voix; il prêta l'oreille et entendit qu'on parlait et qu'on chantait. Après avoir fait plusieurs fois le tour du château sans en trouver l'entrée, il finit par découvrir une porte et entra dans une cour au milieu de laquelle était un rosier couvert de roses : c'étaient ces roses qu'il avait entendues parler et chanter. «Enfin, dit-il, j'ai donc trouvé la rose qui parle!» Et il s'empressa de cueillir une des roses.

Aussitôt un loup blanc s'élança sur lui en criant : «Qui t'a permis d'entrer dans mon château et de cueillir mes roses? Tu seras puni de mort : tous ceux qui pénètrent ici doivent mourir.

– Laissez-moi partir, dit le pauvre homme. Je vais vous rendre la rose qui parle.

– Non, non, répondit le loup blanc, tu mourras.

– Hélas! dit l'homme, que je suis malheureux! Ma fille me demande de lui rapporter la rose qui parle, et, quand enfin je l'ai trouvée, il faut mourir!

– Écoute, reprit le loup blanc, je te fais grâce, et,

de plus, je te permets de garder la rose, mais à une condition : c'est que tu m'amèneras la première personne que tu rencontreras en rentrant chez toi. »

Le pauvre homme le promit et reprit le chemin de son pays. La première personne qu'il vit en rentrant chez lui, ce fut sa plus jeune fille. « Ah ! ma fille, dit-il, quel triste voyage !

– Est-ce que vous n'avez pas trouvé la rose qui parle ? lui demanda-t-elle.

– Je l'ai trouvée, mais pour mon malheur. C'est dans le château d'un loup blanc que je l'ai cueillie. Il faut que je meure.

– Non, dit-elle, je ne veux pas que vous mouriez. Je mourrai plutôt pour vous. »

Elle le lui répéta tant de fois qu'enfin il lui dit : « Eh bien ! ma fille, apprends ce que je voulais te cacher. J'ai promis au loup blanc de lui amener la première personne que je rencontrerais en rentrant dans ma maison. C'est à cette condition qu'il m'a laissé la vie.

– Mon père, dit-elle, je suis prête à partir. »

Le père prit donc avec elle le chemin du château. Après plusieurs jours de marche, ils y arrivèrent sur le soir, et le loup blanc ne tarda pas à paraître. L'homme lui dit : « Voici la personne que j'ai rencontrée la première en rentrant chez moi. C'est ma fille, celle qui avait demandé la rose qui parle.

– Je ne vous ferai point de mal, dit le loup blanc. Mais il faut que vous ne disiez à personne rien de ce que vous aurez vu ou entendu. Ce château appartient à des fées ; nous tous qui l'habitons, nous sommes fées [1]; moi je suis condamné à être loup blanc pendant tout le jour [2]. Si vous gardez le secret, vous vous en trouverez bien. »

La jeune fille et son père entrèrent dans une chambre où un bon repas était servi; ils se mirent à table, et bientôt, la nuit étant venue, ils virent entrer un beau seigneur : c'était le même qui s'était montré d'abord sous la forme du loup blanc. « Vous voyez, leur dit-il, ce qui est écrit sur la table : *Ici on ne parle pas.* » Ils promirent tous les deux encore une fois de ne rien dire. La jeune fille s'était retirée depuis quelque temps dans sa chambre, lorsqu'elle vit entrer le beau seigneur. Elle fut bien effrayée et poussa de grands cris. Il la rassura et lui dit que, si elle suivait ses recommandations, il l'épouserait, qu'elle serait reine et que le château lui appartiendrait. Le lendemain, il reprit la forme de loup blanc, et la pauvre enfant pleurait en entendant ses hurlements.

Après avoir encore passé la nuit suivante au château, le père s'en retourna chez lui. La jeune fille resta au château et ne tarda pas à s'y plaire : elle y trouvait tout ce qu'elle pouvait désirer; elle entendait tous les jours des concerts de musique; rien n'était oublié pour la divertir.

Cependant sa mère et ses sœurs étaient dans une grande inquiétude. Elles se disaient : « Où est notre

1. *Féés* : c'est-à-dire enchantés (participe passé du verbe *féer*).
2. Le lai de Marie de France (seconde moitié du XIIe siècle) intitulé *Le Bisclavret* peut être mis en parallèle (*Lais de Marie de France*, « Étonnants Classiques », n° 2046, p. 47).

pauvre enfant? où est notre sœur?» Le père, à son retour, ne voulut d'abord rien dire de ce qui s'était passé; à la fin, pourtant, il céda à leurs instances et leur apprit où il avait laissé sa fille. L'une des deux aînées se rendit auprès de sa sœur et lui demanda ce qui lui était arrivé. La jeune fille résista longtemps; mais sa sœur la pressa tant qu'elle lui révéla son secret.

Aussitôt on entendit des hurlements affreux. La jeune fille se leva épouvantée. À peine était-elle sortie, que le loup blanc vint tomber mort à ses pieds. Elle comprit alors sa faute; mais il était trop tard, et elle fut malheureuse tout le reste de sa vie.

Dossier-lecture

La métamorphose est l'un des passages obligés du conte merveilleux. Grâce à elle, tout devient possible. Les miroirs parlent, des femmes au cœur de pierre sont transformées en statues, des princes deviennent des bêtes. Pénétrant aux côtés de la Belle dans la demeure de la Bête, on entre dans un monde où les règnes, humain, animal, végétal et minéral n'ont plus de frontières. C'est là que réside toute la charge onirique[1] des contes merveilleux. Mais si une rose coupée suffit à réveiller les dragons qui sommeillent, il n'est pas certain que la métamorphose et son cortège de chimères soient si inoffensifs : par le conte, nous donnons une image à nos monstres secrets qu'une vie entière ne suffit pas toujours à apprivoiser.

Aussi, pour ne pas vous réveiller un jour Licorne ou Mélusine, je vous propose de mieux connaître les visages secrets des dieux et des hommes en suivant les pas d'un poète latin nommé Ovide. Car le conte merveilleux est aussi l'héritier de toute une tradition littéraire inaugurée par Ovide dans son livre *Les Métamorphoses*. C'est d'ailleurs par lui que le mot métamorphose est entré dans notre langue.

Les Métamorphoses d'Ovide

Les Métamorphoses relatent comment dieux, nymphes[2] et fleuves deviennent cerfs, pluie d'or ou laurier. La métamorphose est, au gré des légendes et des fables qui nous sont racontées, une sorte de miracle et aussi l'exercice d'un pouvoir sans limite de divinités ombrageuses : elle permet par exemple à Jupiter de surprendre et de séduire les nymphes Io et Danaé. Elle est parfois instrument de vengeance quand Diane fait déchirer Actéon par ses chiens. Elle est aussi la grâce accordée par un père à sa fille quand

1. *Onirique* vient du mot grec *onos*, qui signifie rêve.
2. *Nymphe* : déesse de rang inférieur qui habitait les bois, les montagnes, les fleuves, la mer, les rivières.

Daphné échappe à Apollon sous l'écorce du laurier. Enfin, elle est la récompense de Philémon et Baucis transformés en arbres sacrés.

Daphné

(*Les Métamorphoses*, livre Ier [1])

Apollon, encore étourdi par sa victoire sur le serpent Python, provoque imprudemment Cupidon, le fils de Vénus alors qu'il joue avec son carquois [2]. Piqué au vif, le jeune trublion se venge de ces propos railleurs et enflamme d'une flèche le cœur de Phœbus [3]. Mais alors que ce cœur amoureux s'est épris de Daphné, suivante d'Artémis [4] et nymphe aux pieds nus, Cupidon décoche à celle-ci une seconde flèche aux pouvoirs contraires. Le dieu poursuit de ses ardeurs la jeune fille qui avait obtenu de son père, le fleuve Pénée, de rester toujours vierge. Daphné, rebelle à l'amour, s'enfuit.

Il allait en dire davantage, mais la fille du Pénée [5], apeurée, se déroba et le laissa là, lui et son discours inachevé ; elle offrait encore le spectacle d'une grâce décente. Les vents dévoilaient son corps, leur souffle qu'elle affrontait agitait ses vêtements qu'elle offrait de face à leurs assauts, et la brise légère repoussait en arrière ses cheveux ; la fuite l'embellissait encore. Mais le jeune dieu ne peut se résigner plus longtemps à se dépenser vainement en tendres propos, et, mû par l'amour même, d'un pas précipité il suit ses

1. Nous empruntons ici la traduction de Joseph Chamonard (Ovide, *Les Métamorphoses*, GF-Flammarion, n° 97).
2. *Carquois* : étui destiné à contenir les flèches d'un archer.
3. *Phœbus* : autre nom d'Apollon.
4. *Artémis* : déesse grecque de la chasse et de la nature (Diane chez les Romains).
5. *La fille du Pénée* : il s'agit donc bien de Daphné. Le Pénée est un fleuve grec qui traverse toute la Thessalie.

Apollon et Daphné, statue du Bernin, XVIIe siècle (Galerie Borghèse).

traces. De même, quand un chien gaulois[1] a, dans un champ moissonné, aperçu un lièvre, luttant de vitesse, ils n'ont qu'un but, l'un sa proie, l'autre le salut ; le premier qui semble toujours sur le point de l'atteindre à tout instant se voit déjà saisissant le fuyard qu'il serre de près, le museau tendu ; le second se demande s'il sera pris, s'arrache à la dent même du chien et échappe à cette gueule qui l'effleure. Ainsi du dieu et de la vierge ; leur course est précipitée, pour lui par l'espoir, pour elle par la crainte. Pourtant le dieu, porté dans sa poursuite sur les ailes de l'amour, est le plus prompt ; infatigable, il frôle déjà le dos de la fugitive sur la nuque de laquelle les cheveux épars se soulèvent à son souffle. À bout de forces, elle a pâli et, succombant à la fatigue de cette fuite rapide, tournant les yeux vers les eaux du Pénée : « Secours-moi, mon père, dit-elle, si vous, les fleuves, vous avez un pouvoir divin, et fais-moi perdre, en la transformant, cette apparence qui m'a valu de trop plaire ! »

À peine sa prière achevée, voici qu'une pesante torpeur envahit ses membres ; sa tendre poitrine est enveloppée d'une mince écorce, ses cheveux s'allongent en feuillage, ses bras en rameaux, son pied, tout à l'heure si rapide, est retenu au sol par d'inertes racines ; son visage, à la cime, disparaît dans la frondaison. Seul subsiste en elle l'éclat de son charme. Phœbus l'aime encore, et sa main posée sur le tronc sent le cœur qui continue à battre sous la neuve écorce. Entourant de ses bras, comme des membres, les branches, il couvre de baisers le bois ; mais le bois se dérobe à ces baisers.

Alors le dieu dit : « Eh bien ! puisque tu ne peux être mon épouse, tu seras du moins, mon arbre. Toujours c'est de toi que ma chevelure, de toi que ma cithare[2], ô laurier, de toi que mon carquois s'orneront. Tu seras à l'honneur avec

1. *Chien gaulois* : les chiens gaulois étaient célèbres pour leur rapidité à la chasse.

2. *Cithare* : dans l'Antiquité, lyre munie d'une grande caisse de résonance.

les chefs latins, lorsque de joyeuses voix chanteront le triomphe et que le Capitole[1] verra se dérouler les longs cortèges, à l'entrée de la demeure d'Auguste[2], c'est encore toi qui, comme le plus fidèle des gardiens, te dresseras devant la porte ; et tu seras la sauvegarde du chêne placé entre deux de tes arbres. Et de même que ma tête conserve, avec sa chevelure respectée des ciseaux, toute sa jeunesse, toi, de ton côté, en toute saison, porte toujours la parure de tes feuilles. » Pæan[3] avait cessé de parler. Des branches qui venaient de lui pousser, le laurier fit un signe d'assentiment ; et l'on eût dit qu'il avait, comme une tête, remué sa cime.

Philémon et Baucis

(*Les Métamorphoses*, livre VIII)

La légende de Philémon et Baucis[4] met en scène Jupiter et Mercure qui, sous les traits de simples mortels, demandent en vain l'hospitalité au pays de Pélops. Après mille essais infructueux, ils trouvent refuge dans l'humble demeure de Philémon et Baucis qui les reçoivent avec empressement et générosité en dépit de leurs maigres ressources.

Donc, aussitôt que les habitants du ciel eurent atteint ces humbles pénates[5] et, baissant la tête, franchi la porte

1. *Le Capitole* : une des sept collines de Rome, où se trouvait le temple de Jupiter.
2. *Demeure d'Auguste* : devant la maison d'Auguste, sur le Palatin, s'élevaient deux lauriers, encadrant la porte, au-dessus de laquelle était fixée la couronne civique de chêne décernée au prince.
3. *Pæan* : surnom d'Apollon, considéré comme dieu sauveur et secourable. Le péan était aussi un hymne en l'honneur du dieu.
4. Cette légende ne semble pas avoir de sources antérieures à Ovide : elle serait donc de son invention.
5. *Les pénates* (n. m. pl.) : à l'origine, dieux domestiques protecteurs de la cité ou du foyer chez les anciens Romains. Au sens figuré, le mot a pris le sens de demeure.

trop basse, le vieillard les invita à reposer leurs membres sur un siège qu'il approcha et sur lequel Baucis, prévenante, jeta un tapis grossier[1]. Puis, écartant les cendres encore tièdes du foyer, elle ranime le feu de la veille, l'alimente avec des feuilles et de l'écorce desséchée et arrive à en tirer des flammes de son faible souffle de vieille femme ; elle alla chercher dans un réduit des éclats de bois et des brindilles sèches, les brisa menu et les plaça sous une petite marmite. Ensuite, elle dépouilla de leurs feuilles des légumes que son époux était allé cueillir au jardin arrosé par ses soins. Philémon, avec une fourche à deux dents, décroche un dos enfumé de porc, suspendu à une poutre noircie, et, dans ce dos longtemps conservé, il découpe un petit morceau qu'il fait, pour le rendre moins dur, passer à l'eau bouillante. Cependant, ils trompent en conversant les moments d'attente jusqu'à l'heure du repas [...]. Ils battent le matelas, fait de molles algues du fleuve, qui garnit le lit au cadre et aux pieds de saule. Ils le recouvrent d'étoffes qu'ils n'avaient coutume d'y étendre qu'aux jours de fête ; mais cette étoffe même était de bien peu de prix et vieille, bien assortie à un lit de bois de saule ! Les dieux s'y couchèrent[2].

Des mets simples mais savoureux sont disposés sur la table. Un cratère[3] d'argile est empli d'un vin nouveau et l'on y puise avec des coupes en hêtre. Mais les deux vieillards voient « le cratère si souvent vidé se remplir de lui-même ».

Étonnés de ce fait étrange, ils prennent peur et Baucis et le timide Philémon récitent des prières ; ils demandent qu'on leur pardonne ces humbles mets, le défaut d'apprêts. Ils n'avaient qu'une oie, gardienne de leur petite demeure rustique ; ses maîtres se disposaient à l'immoler en l'hon-

---

1. *Tapis grossier* : tapis d'une facture peu raffinée.
2. La coutume de s'étendre sur un lit pour le repas du soir (*cena*) fut introduite dans la haute société à la fin du IIe siècle avant Jésus-Christ.
3. *Un cratère* : grand vase à deux anses dans lequel les Romains mélangeaient l'eau et le vin.

neur des dieux leurs hôtes. L'oiseau, grâce à l'agilité que lui donnent ses ailes, fatigue leur poursuite ralentie par l'âge ; il la déjoue longtemps et parut enfin se réfugier auprès des dieux eux-mêmes. Ils défendirent qu'on le tuât. Puis : « Oui, nous sommes des dieux, et vos voisins impies subiront un châtiment mérité, dirent-ils ; pour vous, il vous sera accordé d'être exempts de ce malheur. Abandonnez seulement votre demeure, accompagnez nos pas et venez avec nous sur le sommet de la montagne. » Tous deux obéissent, et, appuyés sur leurs bâtons, péniblement, pas à pas, ils gravissent la longue pente.

Ils étaient, du sommet, à la distance que peut, d'un seul jet, parcourir la flèche une fois lancée : ils tournèrent les yeux et voient de loin tout le village englouti dans un étang, à l'exception de leur maison, restée seule debout. Et, tandis qu'ils s'étonnent à cette vue et déplorent le sort de leurs voisins, cette vieille cabane, trop petite même pour ses deux maîtres, est changée en temple. Aux supports fourchus se sont substitués des colonnes, le chaume jaunit et prend l'aspect d'un toit doré, les portes se couvrent de ciselures, le sol de dalles de marbre. Alors, d'une voix pleine de douceur, le fils de Saturne parla en ces termes : « Dites-nous, vieillard qui pratiques la justice, et toi, femme digne d'un époux ami de la justice, ce que vous souhaitez. » Après avoir échangé quelques mots avec Baucis, Philémon fait part aux dieux du sort que, d'un commun accord, ils ont choisi : « Être vos prêtres et les gardiens de votre sanctuaire, telle est notre requête[1] et, puisque nous avons vécu toujours unis de cœur, faites que la même heure nous emporte, que jamais je ne voie le bûcher[2] de mon épouse, et qu'elle n'ait pas non plus à m'ensevelir. »

Leurs souhaits furent suivis de réalisation. Ils eurent la garde du temple tant qu'il leur fut donné de vivre. Épuisés par les années et leur grand âge, un jour que, debout

1. *Notre requête* : notre demande.
2. La pratique funéraire du bûcher était en usage chez les Romains fortunés au temps de l'Empire.

devant les degrés[1] sacrés, ils contaient les aventures arrivées en ces lieux, Baucis vit Philémon se couvrir de feuillage, et le vieux Philémon vit le feuillage couvrir Baucis. Et, tandis que déjà, au-dessus de leurs deux visages, croissait une cime, ils échangeaient encore, tant qu'il leur fut possible de le faire, quelques paroles : « Adieu, ô mon époux », se dirent-ils ensemble ; et leurs bouches, ensemble, furent recouvertes et cachées par l'écorce. Aujourd'hui encore l'habitant de Cibyra montre en ce lieu des troncs voisins[2], nés de leurs deux corps. Cette histoire me fut contée par des vieillards véridiques, et qui n'avaient aucune raison de vouloir me tromper. Moi-même j'ai vu les guirlandes suspendues aux branches, et, en en plaçant de fraîches, j'ai dit : « Les hommes pieux sont chéris des dieux et ceux qui les ont honorés sont à leur tour honorés. »

Le texte évoque le châtiment que les dieux grecs et latins ne manquent pas d'infliger aux hommes qui se sont dérobés aux lois sacrées de l'hospitalité : le village est englouti sous les eaux. Mais cette punition n'est pas sans rappeler celles que l'on retrouve aussi dans l'Ancien Testament. Documentez-vous sur le Déluge et l'histoire de Noé, sur le sort réservé aux villes de Sodome et de Gomorrhe.

1. *Degrés* : marches (de *gradus* en latin : pas, marche d'un escalier).
2. L'un des arbres est un chêne, arbre de Jupiter ; l'autre est un tilleul, symbole de la fidélité.

La métamorphose dans deux contes de Madame Leprince de Beaumont

Dans le manuel d'éducation que Madame Leprince de Beaumont propose à de jeunes Anglaises, l'auteur s'est elle aussi métamorphosée : elle participe au dialogue sous les traits de mademoiselle Bonne, la gouvernante qui présente les textes et suscite leurs commentaires par les élèves. Par la voix de son personnage, l'auteur se donne le plaisir de conter les histoires qu'elle a soigneusement choisies dans des recueils de contes et qu'elle a réécrites pour qu'elles soient à la fois distrayantes et instructives pour ses jeunes élèves. Les deux contes que nous allons vous présenter reprennent le motif de la métamorphose que vous avez déjà rencontré dans *La Belle et la Bête*.

Le prince Chéri

(*Le Magasin des enfants*, IIIe dialogue)

Avant de mourir, le père de prince Chéri a fait promettre à Candide, la fée aux multiples visages, de veiller sur son fils et de le remettre sur le droit chemin s'il venait à fauter. Peu de temps après les funérailles, Candide remet à son protégé une bague magique : dès qu'il commettra une faute, la bague le piquera. S'il venait à ne pas prendre en compte l'avertissement donné, alors Candide ne serait plus son amie. Très vite, prince Chéri néglige les piqûres de sa conscience et jette la bague. Devenu roi, il multiplie les mauvaises actions et se fait haïr de ses sujets. Seuls, des flatteurs et des débauchés continuent à le fréquenter. Cependant, un jour, il tombe amoureux d'une jeune fille nommée Zélie. La bergère refuse ses avances et lui avoue qu'elle ne peut aimer un être que ses mauvaises actions rendent haïssable. Fou de rage, le prince Chéri fait enfermer Zélie dans son palais. Mais alors qu'il veut aller l'interroger, il constate que quelqu'un l'a libérée.

Les confidents craignaient toujours, qu'il ne prît fantaisie au roi de rappeler son gouverneur, et ils crurent avoir trouvé une occasion favorable pour se débarrasser de lui. Ils firent entendre au roi, que Suliman (c'était le nom de ce digne homme) s'était vanté de rendre la liberté à Zélie : trois hommes corrompus par des présents dirent qu'ils avaient ouï tenir ce discours à Suliman ; et le prince, transporté de colère, commanda à son frère de lait[1] d'envoyer des soldats pour lui amener son gouverneur, enchaîné comme un criminel. Après avoir donné ces ordres, Chéri se retira dans sa chambre : mais, à peine fut-il entré, que la terre trembla ; il fit un grand coup de tonnerre, et Candide parut à ses yeux.

« J'avais promis à votre père, lui dit-elle, d'un ton sévère, de vous donner des conseils, et de vous punir, si vous refusiez de les suivre ; vous les avez méprisés, ces conseils : vous n'avez conservé que la figure d'homme, et vos crimes vous ont changé en un monstre, l'horreur du ciel et de la terre. Il est temps que j'achève de satisfaire ma promesse, en vous punissant. Je vous condamne à devenir semblable aux bêtes, dont vous avez pris les inclinations. Vous vous êtes rendu semblable au lion, par la colère ; au loup, par la gourmandise ; au serpent, en déchirant celui qui avait été votre second père ; au taureau, par votre brutalité. Portez dans votre nouvelle figure, le caractère de tous ces animaux. »

À peine la fée avait-elle achevé ces paroles, que Chéri se vit avec horreur tel qu'elle l'avait souhaité. Il avait la tête d'un lion, les cornes d'un taureau, les pieds d'un loup, et la queue d'une vipère. En même temps, il se trouva dans une grande forêt, sur le bord d'une fontaine, où il vit son horrible figure, et il entendit une voix qui lui dit : « Regarde attentivement l'état où tu t'es réduit par tes crimes[2]. Ton âme est devenue mille fois plus affreuse que ton corps. »

1. *Frères de lait* : enfants nés dans des familles différentes mais nourris avec le lait de la même nourrice. Ce confident de prince Chéri est un mauvais conseiller qui flatte son orgueil.
2. *Crimes* : au sens de fautes.

Chéri reconnut la voix de Candide et, dans sa fureur, il se retourna, pour s'élancer sur elle, et la dévorer, s'il eût été possible ; mais il ne vit personne, et la même voix lui dit : « Je me moque de ta faiblesse et de ta rage. Je vais confondre ton orgueil, en te mettant sous la puissance de tes propres sujets. »

Chéri crut qu'en s'éloignant de cette fontaine, il trouverait du remède à ses maux, puisqu'il n'aurait point devant ses yeux sa laideur et sa difformité ; il s'avançait donc dans le bois ; mais à peine y eut-il fait quelques pas, qu'il tomba dans un trou, qu'on avait fait pour prendre les ours : en même temps, des chasseurs qui étaient cachés sur des arbres, descendirent, et, l'ayant enchaîné, le conduisirent dans la ville capitale de son royaume. Pendant le chemin, au lieu de reconnaître qu'il s'était attiré ce châtiment par sa faute, il maudissait la fée, il mordait ses chaînes et s'abandonnait à la rage. Lorsqu'il approcha de la ville, où on le conduisait, il vit de grandes réjouissances ; et les chasseurs ayant demandé ce qui était arrivé de nouveau, on leur dit que le prince Chéri, qui ne se plaisait qu'à tourmenter son peuple, avait été écrasé dans sa chambre par un coup de tonnerre ; car on le croyait ainsi. « Les dieux, ajouta-t-on, n'ont pu supporter l'excès de ses méchancetés, ils en ont délivré la terre. Quatre seigneurs, complices de ses crimes, croyaient en profiter et partager son empire entre eux : mais, le peuple, qui savait que c'étaient leurs mauvais conseils qui avaient gâté le roi, les a mis en pièces, et a été offrir la couronne à Suliman, que le méchant Chéri voulait faire mourir. Ce digne Seigneur vient d'être couronné, et nous célébrons ce jour comme celui de la délivrance du royaume ; car il est vertueux, et va ramener parmi nous la paix et l'abondance. » Chéri soupirait de rage en écoutant ce discours ; mais ce fut bien pis, lorsqu'il arriva dans la grande place, qui était devant son palais. Il vit Suliman sur un trône superbe, et tout le peuple qui lui souhaitait une longue vie, pour réparer tous les maux qu'avait faits son prédécesseur. Suliman fit signe de la main pour demander silence, et il dit au peuple : « J'ai accepté la couronne que vous m'avez offerte, mais c'est pour la conserver au prince Chéri : il n'est point mort, comme vous le croyez, une fée me l'a révélé, et peut-être qu'un jour vous le reverrez vertueux, comme il était dans ses premières années. Hélas ! continua-t-il, en versant des larmes, les flatteurs l'avaient séduit. Je connaissais son cœur, il était fait pour la vertu ; et sans les discours empoisonnés de ceux qui l'approchaient, il eût été votre père à tous. Détestez ses vices ; mais plaignez-le, et prions tous ensemble les dieux qu'ils nous le rendent : pour moi, je m'estimerais trop heureux d'arroser ce trône de mon sang, si je pouvais l'y voir remonter avec des dispositions propres à le lui faire remplir dignement. »

Ébranlé par ce discours sans haine de Suliman, prince Chéri prend conscience de ses fautes et décide de s'amender[1]. Il sauve le gardien de la cage où il a été enfermé des griffes d'un tigre et de monstre il devient chien. Il offre le pain qu'on lui a donné en guise de pitance à une jeune fille affamée ; ses bonnes actions sont bientôt récompensées, il est transformé en un pigeon blanc et vole alors jusqu'à la caverne d'un ermite où il retrouve Zélie.

Zélie, charmée de la douceur de ce petit animal, le flattait doucement avec la main : et quoiqu'elle crût qu'il ne pouvait l'entendre, elle lui dit qu'elle acceptait le don qu'il lui faisait de lui-même et qu'elle l'aimerait toujours.

« Qu'avez-vous fait, Zélie ? lui dit l'ermite, vous venez d'engager votre foi[2].

– Oui, charmante bergère, lui dit Chéri, qui reprit à ce moment sa forme naturelle, la fin de ma métamorphose était attachée au consentement que vous donneriez à notre union. Vous m'avez promis de m'aimer toujours, confirmez mon bonheur ou je vais conjurer la fée Candide, ma protectrice, de me rendre la figure sous laquelle j'ai eu le bonheur de vous plaire.

1. *S'amender* : se corriger.
2. *Engager votre foi* : votre parole.

– Vous n'avez point à craindre son inconstance, lui dit Candide, qui, quittant la forme de l'ermite, sous laquelle elle s'était cachée, parut à leurs yeux telle qu'elle était en effet. Zélie vous aima aussitôt qu'elle vous vit, mais vos vices la contraignirent à vous cacher le penchant que vous lui aviez inspiré. Le changement de votre cœur lui donne la liberté de se livrer à toute sa tendresse. Vous allez vivre heureux puisque votre union sera fondée sur la vertu. »

Puis Candide les transporta dans l'enceinte du palais où les attendait le fidèle gouverneur, Suliman. Il céda le trône et resta le plus fidèle des sujets. Chéri régna longtemps avec Zélie et on dit qu'il s'appliqua tellement à ses devoirs que la bague qu'il avait reprise ne le piqua pas une seule fois jusqu'au sang.

Le prince Spirituel

(*Le Magasin des enfants*, XXIVe dialogue)

Repoussée par un roi qui refuse de l'épouser, une fée du doux nom de Furie[1] décide de se venger : elle inflige à l'enfant royal qui vient de naître la disgrâce d'être laid. Afin d'adoucir ce sortilège, une autre fée nommée Diamantine, penchée sur le berceau, pare le petit enfant des beautés de l'esprit. Son nom sera prince Spirituel. L'enfant grandit et sa laideur est si grande qu'on l'appelle la Bête. Pour savourer sa vengeance, la fée Furie décide de rendre le jeune prince amoureux d'Astre, une jeune fille à la beauté lumineuse. Comme l'avait prévu la fée, la laideur de ce soupirant effraye la jeune enfant. Mais prince Spirituel, témoin d'une conversation entre Astre et le fils de la fée Furie, est affligé d'y voir si peu d'esprit. Les mirages de la Beauté ont été dissipés. Il décide de quitter le palais, mais Diamantine, fée et gouvernante d'Astre, le retient. Peut-être pourra-t-il se faire aimer…

« Je vous suis bien obligé[2], madame, lui répondit Spirituel ; mais je ne suis pas pressé de me marier. J'avoue qu'Astre est charmante, mais c'est quand elle ne parle pas ; la fée Furie m'a guéri, en me faisant entendre une de ses conversations : j'emporterai son portrait, qui est admirable, parce qu'il garde toujours le silence.

– Vous avez beau faire le dédaigneux, lui dit Diamantine : votre bonheur dépend d'épouser la princesse.

– Je vous assure, madame, que je ne le ferai jamais, à moins que je ne devienne sourd, encore faudrait-il que je perdisse la mémoire, autrement je ne pourrais m'ôter de l'esprit cette conversation. J'aimerais mieux cent fois épouser une femme plus laide que moi, si cela était possible, qu'une stupide avec laquelle je ne pourrais avoir une conversation raisonnable, et qui me ferait trembler, quand

---

1. Furie, plus sorcière que fée, doit son nom aux trois divinités infernales qui étaient chargées d'exécuter les décrets de la vengeance divine.
2. *Je vous suis bien obligé* : je vous suis reconnaissant.

je serais en compagnie avec elle, par la crainte de lui entendre dire une impertinence, toutes les fois qu'elle ouvrirait la bouche.

– Votre frayeur me divertit, lui dit Diamantine ; mais, prince, apprenez un secret qui n'est connu que de votre mère et de moi. Je vous ai doué du pouvoir de donner de l'esprit à la personne que vous aimeriez le mieux ; ainsi vous n'avez qu'à souhaiter : Astre peut devenir la personne la plus spirituelle, elle sera parfaite alors ; car elle est la meilleure enfant du monde, et a le cœur fort bon.

– Ah, madame, dit Spirituel, vous allez me rendre bien misérable ; Astre va devenir trop aimable pour mon repos, et je le serai trop peu pour lui plaire ; mais n'importe, je sacrifie mon bonheur au sien, et je lui souhaite tout l'esprit qui dépend de moi.

– Cela est bien généreux, dit Diamantine, mais j'espère que cette belle action ne demeurera pas sans récompense. Trouvez-vous dans les jardins du palais à minuit ; c'est l'heure où Furie est obligée de dormir, et pendant trois heures, elle perd toute sa puissance. »

Le prince s'étant retiré, Diamantine fut dans la chambre d'Astre ; elle la trouva assise, la tête appuyée dans ses mains, comme une personne qui rêve profondément. Diamantine l'ayant appelée, Astre lui dit :

« Ah ! madame, si vous pouviez voir ce qui vient de se passer en moi, vous seriez bien surprise. Depuis un moment je suis comme dans un nouveau monde : je réfléchis, je pense ; mes pensées s'arrangent dans une forme qui me donne un plaisir infini, et je suis bien honteuse en me rappelant ma répugnance pour les livres et pour les sciences.

– Eh bien, lui dit Diamantine, vous pourrez vous en corriger : vous épouserez dans deux jours le prince Charmant, et vous étudierez ensuite tout à votre aise.

– Ah ! ma bonne, répondit Astre, en soupirant, serait-il bien possible que je fusse condamnée à épouser Charmant ? Il est si bête, si bête, que cela me fait trembler ; mais dites-moi, je vous prie, pourquoi est-ce que je n'ai pas connu plus tôt la bêtise de ce prince ?

– C'est que vous étiez vous-même une sotte, dit la fée ; mais voici justement le prince Charmant. »

Effectivement, il entra dans sa chambre avec un nid de moineaux dans son chapeau.

« Tenez, dit-il, je viens de laisser mon maître dans une grande colère, parce qu'au lieu de lire ma leçon, j'ai été dénicher ce nid.

– Mais votre maître a raison d'être en colère, lui dit Astre : n'est-ce pas honteux qu'un garçon de votre âge ne sache pas lire ?

– Oh ! vous m'ennuyez aussi bien que lui, répondit Charmant, j'ai bien affaire de toute cette science : moi, j'aime mieux un cerf-volant, ou une boule, que tous les livres du monde. Adieu, je vais jouer au volant.

– Et je serais la femme de ce stupide ? dit Astre, lorsqu'il fut sorti. Je vous assure, ma bonne, que j'aimerais mieux mourir que de l'épouser. Quelle différence de lui à ce prince que j'ai vu tantôt ! Il est vrai qu'il est bien laid ; mais quand je me rappelle son discours, il me semble qu'il n'est plus si horrible : pourquoi n'a-t-il pas le visage comme Charmant ? Mais, après tout, que sert la beauté du visage ? Une maladie peut l'ôter ; la vieillesse la fait perdre à coup sûr, et que reste-t-il alors à ceux qui n'ont pas d'esprit ? En vérité, ma bonne, s'il fallait choisir, j'aimerais mieux ce prince, malgré sa laideur, que ce stupide qu'on veut me faire épouser.

– Je suis bien aise de vous voir penser d'une manière si raisonnable, dit Diamantine ; mais j'ai un conseil à vous donner. Cachez soigneusement à Furie tout votre esprit ; tout est perdu si vous lui laissez connaître le changement qui s'est fait en vous. »

Astre obéit à sa gouvernante, et sitôt que minuit fut sonné, la bonne fée proposa à la princesse de descendre dans les jardins : elles s'assirent sur un banc, et Spirituel ne tarda pas à les joindre. Quelle fut sa joie ! lorsqu'il entendit parler Astre, et qu'il fut convaincu qu'il lui avait donné autant d'esprit qu'il en avait lui-même. Astre de son côté était enchantée de la conversation du prince ; mais lorsque Diamantine lui eut appris l'obligation qu'elle avait à

Spirituel, sa reconnaissance lui fit oublier sa laideur, quoiqu'elle le vît parfaitement ; car il faisait clair de lune.

« Que je vous ai d'obligation, lui dit-elle, et comment pourrai-je m'acquitter envers vous ?

– Vous le pouvez facilement, répondit la fée, en devenant l'épouse de Spirituel, il ne tient qu'à vous de lui donner autant de beauté, qu'il vous a donné d'esprit.

– J'en serais bien fâchée, répondit Astre ; Spirituel me plaît tel qu'il est ; je ne m'embarrasse guère qu'il soit beau, il est aimable, cela me suffit.

– Vous venez de finir tous ses malheurs, dit Diamantine ; si vous eussiez succombé à la tentation de le rendre beau, vous restiez sous le pouvoir de Furie ; mais à présent, vous n'avez rien à craindre de sa rage. Je vais vous transporter dans le royaume de Spirituel : son frère est mort, et la haine, que Furie avait inspirée contre lui au peuple, ne subsiste plus. »

Effectivement, on vit revenir Spirituel avec joie, et il n'eut pas demeuré trois mois dans son royaume, qu'on s'accoutuma à son visage ; mais on ne cessa jamais d'admirer son esprit.

Madame Leprince de Beaumont n'a pas inventé le canevas du prince Spirituel : elle l'a emprunté à Charles Perrault, un autre conteur qui vécut pendant le règne de Louis XIV. Lis ce conte dont elle s'est inspirée. Il s'intitule *Riquet à la houppe*[1] : tu pourras ainsi comparer les deux versions !

1. Voir les *Contes* de Perrault (Étonnants classiques, n° 2065).

Pour en savoir plus et approfondir sa lecture

Jacques BARCHILLON, *Le Conte merveilleux français de 1690 à 1790. Cent ans de féerie et de poésie ignorées de l'histoire littéraire,* Champion, 1975 (chapitre 1 : *La Belle et la Bête* ou le passage d'un mythe au conte de fées).

Paul DELARUE et Marie-Louise TÉNÈZE, *Le Conte populaire français,* Maisonneuve et Larose, 1975, p. 72-109 (le conte 425. B : la recherche de l'époux disparu).

Paul HAZARD, *Les Livres, les enfants et les hommes,* Hatier (chapitre 3 consacré à *La Belle et la Bête*).

Ganna OTTERVAERE VAN PRAAG, *La Littérature pour la jeunesse en Europe occidentale, 1750-1925*, Berne, Éditions Peter Lang, 1987.

Raymonde ROBERT, *Le Conte de fées littéraire en France,* Presses universitaires de Nancy, 1982.

À vous de jouer

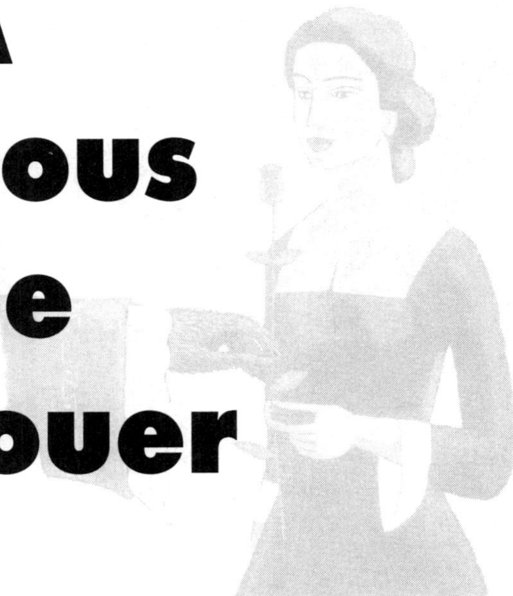

Méli-mélo de contes et de légendes

Complète les pointillés : dans la colonne de gauche, tu indiques la page où se trouve l'extrait; à droite, tu retrouves certains titres de contes bien connus… Enfin, relie les motifs du conte de Madame Leprince de Beaumont avec les extraits proposés à droite.

La Belle et la Bête	Contes et légendes
L'enfant déshérité « La Belle se levait à quatre heures du matin et se dépêchait de nettoyer la maison et d'apprêter à dîner pour toute la famille. » Page	A « Un an plus tard, le roi prit une autre épouse. C'était une belle femme mais fière et hautaine et elle ne pouvait pas souffrir que quelqu'un la surpassât en beauté. Elle avait un miroir magique ; quand elle se mettait devant et s'y contemplait, elle disait : *Petit miroir, petit miroir chéri,* *Quelle est la plus belle de tout le pays ?* » Conte :......................... des frères Grimm
Le souhait « Puisque vous avez la bonté de penser à moi, lui dit-elle, je vous prie de m'apporter une rose car il n'en vient point ici. » Page	B Platon, un philosophe de l'Antiquité, raconte l'histoire de Gygès qui découvrit un jour les pouvoirs de son anneau : en tournant le chaton de sa bague vers lui, il devenait invisible.

La forêt, **le lieu des possibles** « Mais comme il fallait passer par un grand bois avant de trouver sa maison, il se perdit. Il neigeait horriblement. Il pensa qu'il mourrait de faim ou de froid, ou qu'il serait mangé par des loups qu'il entendait hurler autour de lui. » Page	C Un seul regard de Méduse suffisait à vous transformer en pierre.
L'omniscience « Quelle fut sa surprise en jetant les yeux sur un grand miroir, d'y voir sa maison où son père arrivait avec un visage extrêmement triste. » Page	D Dans le conte *Hans mon hérisson* des frères Grimm, le père du héros part à la foire et demande à son fils ce qu'il désire. L'enfant répond : « Papa, je voudrais que tu me rapportes une cornemuse. »
Le don d'ubiquité « Vous y serez demain au matin, dit la Bête. Mais souvenez-vous de votre promesse. Vous n'aurez qu'à mettre votre bague sur une table en vous couchant quand vous voudrez revenir. Adieu la Belle. » Page	E « Les voilà bien affligés car, plus ils marchaient, plus ils s'égaraient et s'enfonçaient dans la Forêt. La nuit vint et il s'éleva un grand vent qui leur faisait des peurs épouvantables. Ils croyaient n'entendre de tous côtés que des hurlements de loups qui venaient à eux pour les manger. » Conte :.................... de Perrault

Le châtiment «Pour vous, mesdemoiselles, dit la Fée aux deux sœurs de la Belle [...], devenez deux statues.» Page	F «C'était elle qui nettoyait la vaisselle et les montées, qui frottait la chambre de Madame et de Mesdemoiselles, ses filles.» Conte :.................... de Perrault

Monstres et chimères

Sauras-tu reconnaître quels monstres se cachent derrière ces énigmes?

1 «J'ai des serpents dans les cheveux, mon regard est froid comme la pierre, mes écailles sont d'or.»

Qui suis-je? ....

2 « Je suis une créature légendaire : j'ai la tête, le bec et les ailes d'un aigle. Mon corps est celui d'un lion. J'orne souvent les blasons.»

Qui suis-je? ....

3 « Je suis un monstre à neuf têtes. J'ai été vaincu par Héraclès.»

Qui suis-je? ....

4 « On nous trouve parfois à la proue des navires. En des temps très anciens, un marin avisé protégé d'Athéna se lia à son mât pour ne point nous entendre.»

Qui suis-je? ....

5 « Psyché me donna du miel et du pain pour pénétrer dans les Enfers. Je suis le garde des Lieux infernaux.»

Qui suis-je? ....

6 « J'ai posé à Œdipe l'énigme suivante : quel animal se tient à quatre pattes le matin, sur deux pattes le midi et sur trois le soir ? »
Qui suis-je ? ....

7 Quelles sont les deux sœurs dont l'une engendre l'autre, qui à son tour engendre la première ?
Qui suis-je ? ....

Et si tu créais un monstre ?

Pline, un auteur latin du Ier siècle de notre ère décrit, dans un des chapitres de son *Histoire naturelle*, griffons et autres monstres fabuleux qui auraient vécu en Syrie et en Éthiopie. Nous savons, nous, lecteurs de contes, que les monstres habitent notre imaginaire, peuplent les nuits et errent dans les forêts profondes à la recherche d'une âme pure pour les délivrer. Mais de quoi sont-ils faits ?

1. Reporte-toi au dossier-lecture et recopie ci-dessous la métamorphose de prince Chéri.

....

....

2. Ouvre ton dictionnaire et reporte-toi à la définition de l'ornithorynque. Quelle remarque cette définition t'inspire-t-elle ?

....

....

3. Rends-toi au CDI. Fais des recherches sur les monstres suivants et indique les différentes parties de leurs corps :

Le Centaure ....
Mélusine ....
Le basilic ....
Le Minotaure ....
Pégase ....
Le Sphinx ....

Maintenant, tu peux créer la chimère ou l'animal fabuleux de ton choix : il pourra être ton totem ou ton blason. Tu pourras aussi inventer le portrait de la Bête telle que tu te l'imagines puisque Madame Leprince de Beaumont ne nous la décrit pas, mais peut-être est-ce mieux ainsi…

Formules magiques et comptines enfantines

1. Des formules apparaissent dans le conte populaire, *Courbasset, petit corbeau*, qui figure dans le dossier « Histoires parallèles ». La première donne son titre au conte : recopie-la en respectant la disposition typographique.

....

....

....

....

2. Elle est répétée à l'intérieur du récit pour donner des points de repère au conteur et à l'auditeur. Elle est d'ailleurs rimée en patois. Retrouve cette rime :

....

....

3. Plus loin dans le conte, la vieille fée au diamant prononce elle aussi des formules répétées, mais elles restent sans effet grâce aux conseils de Courbasset. Quelles sont les paroles de la grand-mère ? Recopie-les ci-dessous :

....

....

....

....

....

....

....

....

....

4. Le conte se termine aussi par une de ces formules : elle permet au conteur de sortir de son histoire et d'indiquer avec humour à son auditoire que les portes du merveilleux se referment. Quelle est la formulette de sortie dans le conte *Courbasset, petit corbeau* ?

....

....

5. Te souviens-tu dans quels contes de Perrault tu as pu lire ces formules semées comme les cailloux blancs du Petit Poucet ?

1 « Bonnes gens qui moissonnez, si vous ne dites que tous ces blés appartiennent à monsieur le Marquis de Carabas, vous serez tous hachés menu comme chair à pâté. »

....

2 « Anne, ma sœur Anne, ne vois-tu rien venir ?
– Je ne vois rien que le Soleil qui poudroie et l'herbe qui verdoie. »...

3 « Tire la chevillette et la bobinette cherra. »

....

À toi maintenant de composer des formules que tu inséreras dans le conte de Madame Leprince de Beaumont, *La Belle et la Bête*. Tu rechercheras les pages où la rose, le coffre et le miroir apparaissent et tu leur donneras la parole dans de petits textes poétiques répondant aux règles suivantes :

- Rédige tes phrases à la mode de Perrault.
- N'hésite pas à faire des jeux sur les sons (assonances et allitérations).
- Utilise l'impératif présent, l'indicatif présent ou le futur.
- Puise à ta guise dans le magasin de mots que nous te proposons. Tu peux bien sûr utiliser les mots de ton choix.
- Pour une fois, la répétition est recommandée : profites-en !

Objets magiques	Groupes nominaux	Verbes	Adjectifs
La Rose	des berceaux des épines le sang le parfum la douleur un don le cœur la rose	souffrir se plaindre reprocher se taire accuser chanter craindre espérer	rouge sang affligé fanée douloureux fée silencieux pâle
Le vieux coffre	malle coffret secrets mystère robes coffre	cacher disparaître s'évanouir garder protéger	volant pesant ancien scellé
Le Miroir	regard miroir reflet secret lune soleil mensonge	réfléchir refléter montrer dire savoir ignorer briser	transparent limpide fidèle éclatant sombre nocturne profond

Les mots mêlés

Retrouve dans ce damier les noms des monstres dont nous avons parlé et d'autres qu'il te reste encore à découvrir. Attention aux lettres pièges qui se sont glissées dans le jeu !

H	C	E	N	T	A	U	R	E
A	M	V	O	U	I	V	R	E
R	I	L	S	O	G	R	E	M
P	N	E	I	C	C	O	A	E
I	O	V	R	E	Y	H	R	D
E	T	I	E	R	C	Y	G	U
S	A	A	N	B	L	D	O	S
B	U	T	E	E	O	R	S	E
E	R	H	S	R	P	E	N	E
T	E	A	I	E	E	Z	U	T
E	U	N	D	R	A	G	O	N

As-tu bien lu l'histoire de Daphné ?

Nous l'espérons car l'ordinateur a remué dans tous les sens le résumé de la légende. À toi de retrouver le fil d'Ariane de cette histoire.

1 Un jour, Apollon ou Phœbus, dieu de la lumière et des arts, l'aperçut et en tomba amoureux. Une flèche de Cupidon avait suffi à embraser son cœur : le fils de Vénus était vengé des railleries de son aîné.

2 Apollon consola son cœur affligé en faisant du laurier son arbre symbolique. Désormais, tout vainqueur porterait la fameuse couronne de laurier.

3 Daphné, jeune nymphe, fille du dieu-fleuve Pénée, avait obtenu de son père de ne pas se marier. Elle s'était consacrée au culte de Diane, la déesse de la chasse, et trouvait dans la solitude des bois la quiétude et la paix.

4 Daphné, sur le point d'être rejointe, supplia son père de la sauver.

5 Tandis qu'elle fuyait et courait, le désir d'Apollon ne faisait que s'enflammer. Il la suppliait et la poursuivait dans une course folle.

6 Hélas : une autre flèche de Cupidon frappa la jeune fille afin qu'elle ne tombe jamais amoureuse de quiconque, fût-ce d'un dieu.

7 Celui-ci la métamorphosa en laurier qui se dit *Daphné* en grec et ainsi sa fille échappa à la force du dieu.

8 Aussi fut-elle horrifiée quand elle comprit qu'Apollon lui-même désirait la connaître. Elle s'enfuit sans attendre.

Réponse : ....

....

DERNIÈRES PARUTIONS

APULÉE
Amour et Psyché (2073)

LA BELLE ET LA BÊTE (2090)

ROBERT DE BORON
Merlin (2080)

BRADBURY
L'Heure H et autres nouvelles (2050)

CARROLL
Alice au pays des merveilles (2075)

CHEDID
L'Enfant des manèges (2070)

CHRÉTIEN DE TROYES
Yvain ou le chevalier au lion (2066)

DAUDET
Lettres de mon moulin (2068)

CONAN DOYLE
Le Dernier Problème, La Maison vide (2064)
Trois Aventures de Sherlock Holmes (2037)

DUMAS
Le Comte de Monte-Cristo (2085-2086)

FABLIAUX DU MOYEN ÂGE (2071)

FLAUBERT
Un cœur simple (2047)

GRIMM
Le Petit Chaperon rouge et autres contes (2098)

HISTOIRE D'ABRAHAM (2102)

HISTOIRE DE MOÏSE (2076)

HOFFMANN
L'Enfant étranger (2067)
Le Violon de Crémone. Les Mines de Falun (2036)

HUGO
Le Dernier Jour d'un condamné (2074)
Les Misérables (2096-2097)
Poésies II : de Napoléon Ier à Napoléon III (2041)

JARRY
Ubu Roi

KAFKA
La Métamorphose (2083)

LA FONTAINE
Fables (2051)

LOTI
Le Roman d'un enfant (2094)

MAUPASSANT
Boule de suif (2087)

MOLIÈRE
George Dandin (2060)
Le Médecin malgré lui (2089)

MONTESQUIEU
Lettres persanes (2095)

MUSSET
On ne badine pas avec l'amour (2100)

PERRAULT
Contes (2065)

POE
Le Chat noir et autres contes fantastiques (2069)

POÈMES DE LA RENAISSANCE (2072)

POUCHKINE
La Dame de pique et autres nouvelles (2019)

RABELAIS
Pantagruel (2052)

RACONTER, SÉDUIRE, CONVAINCRE
Lettres des XVIIe et XVIIIe siècles (2079)

RÉCITS DE VOYAGE I
Le Nouveau Monde (2077)

RÉCITS DE VOYAGE II
Marco Polo, Les Merveilles de l'Orient (2081)

ROSNY AÎNÉ
La Mort de la terre (2063)

SAND
Les Ailes de courage (2062)

STENDHAL
Vanina Vanini. Le Coffre et le Revenant (2044)

STEVENSON
Le Cas étrange du Dr Jekyll et de M. Hyde (2084)
L'île au trésor (2091)

TITE-LIVE
La Fondation de Rome (2093)

TROYAT
Viou (2038)

VALLÈS
L'Enfant (2082)

VERNE
Le Humbug. Frritt-Flacc (2035)

VOLTAIRE
Candide (2078)

GF Flammarion

99/11/75529-XI-1999 – Impr. MAURY Eurolivres, 45300 Manchecourt.
N° d'édition FG209004. – Avril 1999. – Printed in France.